He's 공부ing

"아이들 때문에 미국에 왔어요"라는 부모들을 위한 자녀교육 이야기

He's 공부ing

초판 1쇄 : 2015년 6월 20일

지은이 : 박현수
펴낸이 : 채주희
펴낸곳 : 엘맨

등 록 : 제10-1562호(1985.10.29)
주 소 : 서울특별시 마포구 신수동 448-6
전 화 : 02-323-4060, 6401-7004
팩 스 : 02-323-6416
메 일 : elman1985@hanmail.net
홈페이지 : www.elman.kr

ISBN_ 978-89-5515-556-3   03230

정가: 13,800

"아이들 때문에 미국에 왔어요"라는 부모들을 위한 자녀교육 이야기

He's 공부ing

추천서

    사람이 마음으로 자기의 길을 계획할지라도 그 걸음을 인도하시는 분은 하나님이십니다. 제 목회 여정을 하나님께서 인도하시는 가운데, 박현수 전도사님을 미국 유학생활 중에 만나게 하셨습니다. 이미 신학교에 입학하셔서 공부를 하고 있던 박 전도사님은 참으로 순수하고 친절하였습니다. 신학교를 졸업한 후 저는 한국에서, 박 전도사님은 미국에서 목사 안수를 받았습니다.

    그리고 우리는 다시 만날 기회가 있었는데, 그 때 박 목사님은 미국한인교회를 섬기고 있었습니다. 장년 성도들 뿐 아니라 다음세대를 향한 애정을 품고 최선을 다하는 모습은 참으로 열정적이고 희생적이었습니다.

    물론 늘 소식을 나누며 지내왔지만 그 후 우리는 좀 더 나이가 들어서 다시 만나게 되었습니다. 피차 맡겨진 목양지에서 적지 않은 경험이 축적된 상태에서 만난 우리는 이런 대화를 나누었습니다. "우선은 우리의 목회 발걸음을 여기까지 인도하신 하나님께 감사드리며, 이제는 작은 것이라도 다른 분들을 위해 나누는 삶을 살아야 하지 않을까요?"

   그리고 때가 차매 그 대화의 결실로 이 귀한 책이 발간되게 되었습니다. 이론과 실례를 겸비한 목사님, 겸손과 권위를 지니신 목사님, 동시에 목회의 초심과 열심, 그리고 뒷심이 여일한 목사님의 진솔한 신앙고백 같은 내용을 통하여 성령님께서 주시는 은혜와 도전이 계시기를 소망해 봅니다. 목회와 인생의 후배이지만 마치 동역자요 친구처럼 지냈고, 지금도 그렇게 지내는 박 목사님의 글이 널리 읽혀지기를 기도하고, 기대하며, 기다리는 마음으로 감히 추천을 드립니다.

인천제2교회 담임목사 / 교회갱신협의회 대표회장
이 건 영 드림

들어가는 말

눈이 하얗게 덮인 시카고의 추운 겨울 날씨 속에 아이들이 눈사람을 만들겠다고 옷을 꽁꽁 껴입고, 장갑과 모자로 완전 무장을 한 다음 눈만 빼꼼히 내놓은 채, 아파트 앞에서 열심히 눈을 굴리며 깔깔거리던 것이 바로 엊그제만 같다.

그런 아이들이 어느덧 자라서 대학을 졸업하고 이젠 어엿한 사회인들이 되었다.

미국으로 유학 와서 쩔쩔매며 공부하던 중 아이들을 낳았다. 초짜 부모가, 더구나 한국과는 다른 낯선 문화 속에서 아이들을 어떻게 길러야 하는지를 몰라 늘 허둥거렸었다. 그런데 벌써 그 아이들이 성장하여 성인이 되어 버린 것이다.

처음 아이들을 킨더가든(유치원)에 보낼 때 노란 스쿨버스를 태워 보내는 것이 세상에서 제일 큰일이라도 되는 것처럼 아이들보다 더 흥분했었던 때가 있었다. 초등학교 때는 선생님과의 컨퍼런스를 앞두고 도대체 어떻게 하는 건지, 무슨 말을 해야 하는지 당혹해 하던 때도 있었다. 짧은 영어로 의사소통이나 제대로 할 수 있을지 걱정했던 적도 많았다. 또 아이들이 고등학생이 되어서 운전을 가르쳐주면서 아이들과 실랑이를 벌이며 서로 다툰 기억도 스쳐간다.

한국에서 태어나 이민을 온 소위 1세 부모세대는 그저 단순히 잘 먹고 잘 살기 위해 성공이라는 목표로 그저 한 방향만을 바라보고 열심히 살아왔다. 그렇기 때문에 특별히 다양성이나 독창성을 가진 삶과는 거리가 멀었다. 하지만 우리 자녀세대는 우리 기성세대와는 전혀 다른 아주 다양한 문화와 감성을 가지고 살아가고 있다. 이미 먹는 것 외에 상상할 수도 없이 많은 것들이 자신들에게 중요하며, 이를 위해 수많은 정보와 변화무쌍한 지식이 필요하다. 더구나 지금 우리 자녀들이 속한 세대는 옳고 그른 것을 한 마디로 단정하지 않는 상대적 진리를 추구하는 그런 사회이다.

따라서 어떤 절대 진리와는 관계없이 인간의 본성과 욕심을 따라 살아가는 그런 세상의 틀 속에서 행동한다. 그러므로 이런 세상 속에서 자녀를 양육하는 부모들에게는 엄청난 고민이 따를 수밖에 없다. 아이들 때문에 이민 왔다고 늘 그렇게 말하면서도 부모로서 자녀들의 바른 신앙과 가치관을 심어주고는 싶지만 이것을 어떻게 해야 할지를 몰라 늘 힘들어 하는 것이다. 좋은 학군으로 이사를 가고 아이들이 원하는 것을 다 사준다고 해서 좋은 부모가 되는 것이 아니라는 것을 잘 알지만 솔직히 문화와 언어가 다른 이민 사회 속에서 어떻게 아이들을 양육해야 할지를 놓고 늘 고민하고 있다.

이 책에는 두 자녀를 기르며 경험했던 이야기들이 들어있다. 문화의 차이에서 오는 오해, 세대 차이로 인한 갈등 등 실제로 아이들과 함께 겪었던 그런 이야기들이다. 아버지로서, 목사로서, 교육자로서 배우고 얻은 교훈들을 모아 보았다. 어떻게 보면 단순한 개인적인 이야기들이지만 이런 이야기들을 통해서 지금 자녀들을 양육하는 부모들과 함께 나누면 조금이나마 도움이 되지 않을까 하는 마음에서 정리한 것이다. 결혼하자마자 미국으로 유학을 왔고, 그러다보니 아무런 준비도 없이 자녀를 낳아 길렀지만 말로 다 표현할 수 없는 하나님의 은혜 가운데 자녀들은 잘 자라주었다. 이제 성인이 된 아이들을 보면서 그들과 함께, 그리고 바로 그 아이들을 통해 배운 많은 것들을 나누었으면 하는 마음에 이 책을 발간하였다.

　이 책이 나올 수 있도록 도와주신 분들께 감사를 드린다. 나를 목사로 길러주신 세상의 누구보다도 존경하는 부모님, 언제나 나의 든든한 후원자인 사랑하는 아내, 또 늘 내 옆에서 나에게 많은 것들을 깨닫게 해 준 두 자녀에게 고마운 마음을 전한다. 그리고 언제나 한결같은 모습으로 나의 신앙과 목회에 큰 도움을 아낌없이 주신 이건영 목사님과 이 책이 나올 수 있도록 수고해 주신 엘맨 출판사의 이규종 장로님께도 감사를 드린다.

2015년 시카고에서

박현수 목사

☞ 목 차

스타벅스와 문화 정체성

제 1장. 스타벅스와 문화 정체성

스타벅스와
문화 정체성

　나는 가끔 아이들과 같이 쇼핑몰에 가곤 한다. 사람들이 북적이는 곳을 여기저기 기웃거리다 보면 다리도 아프고 좀 쉬고 싶은 생각이 든다. 그러면 스타벅스 커피 한 잔을 마시며 쇼핑몰 가운데 앉아 지나가는 사람들을 구경한다. 키가 나보다 훨씬 큰 사람, 머리색을 파랗게 물들인 사람, 유행의 첨단을 걷는 그런 희한한 옷을 입고 있는 사람들…. 이런 모습들을 구경하는 것도 무척이나 재미있다.

　그런데 여러 모습의 사람들이 지나가는 것을 보고 있노라면 문득 이런 생각이 든다. '아! 여기는 미국이지, 내가 지금 한국에 살고 있는 게 아니지, 그리고 나는 한국 사람이지.' 아주 새삼스러운 생각이 든다. 미국 사회 속에서 살다 보니 아주 자연스럽게 나도 미국사람인 줄로 착각하는 것이다.

하지만 이곳에서 아무리 오래 살았다고 해도 내가 한국 사람이지 미국 사람이라고 말할 수는 없을 것이다. 이러한 '나'에 대한 물음이 바로 내 자신의 문화적 정체성(identity)에서 비롯된다. 한국에서 태어나 대학을 마치고 미국으로 유학을 와서 이곳에서 가정을 이루고 계속해서 살면서 미국이라는 문화에 어느 정도 적응하였지만 가끔은 나의 정체성에 대해서 의문을 갖고 고민한다. 이민자라면 그 누구나 한 번쯤은 이런 고민을 해 보았을 것이다. 하지만 이런 문화적 정체성에 대한 갈등은 한국에서 태어나고 자라난 1세들보다 이곳에서 태어나고 자라난 우리들 자녀 세대에게 더욱 심각하게 다가온다. 왜냐하면 한국 사람이라는 혈통을 부모로부터 물려받았지만 미국이라는 문화와 전통을 바탕으로 해서 배우고 자라왔기 때문이다. 그래서 자신이 어느 사회와 커뮤니티에 속해야 하는지, 또 어떤 사람으로 살아야 하는지를 항상 고민하게 되는 것이다.

미국은 여러 인종이 모여 사는 곳임에는 틀림이 없지만 이민 역사가 그리 길지 않은 우리 이민자들이 살아가기는 쉬운 일이 아니다. 하루아침에 미국 문화에 적응되고 동화되지 않고 시간이 걸리기 때문이다. 그것도 한 일이 년이나 이삼 년 만에 이루어지는 것이 아니라 몇 세대에 걸쳐서 이루어지기 때문에 더욱 그렇다.

예를 들어 북유럽에서 미국으로 이민 온 사람들은 약 3-4세대에 거쳐서 동화가 되고, 남유럽인들은 약 4-5세대를 거쳐서 적응하게 된다고 학자들은 말한다. 하지만 우리 아시아인들은 좀 더 다른 문화적 배경과 피부 색깔의 차이 때문에 좀 더 긴 세대를 거쳐 미국 사회에 적응하게 된다. 이러한 적응과 동화의 문제가 결국 우리들의 정체성 문제와 밀접한 관련을 갖게 되어 늘 우리 삶을 갈등 속에서 살도록 만드는 것이다.

쇼핑몰 한가운데 앉아, 많은 사람들 틈속에서 스타벅스 커피를 마시고 있어도 내 마음 한 구석에는 내가 누구인지, 또 내가 어느 문화에 속하며, 어떤 모습으로 살아가야 하는지를 끊임없이 질문해본다.

부대찌개와
피자

아이들과 쇼핑몰에서 늦은 시간까지 돌아다니다가 출출해지면 밖에 나온 김에 저녁밥을 먹게 된다. 그러면 무엇을 먹을지 행복한 고민을 하게 되는데 요즘같이 날씨가 으스스 할 때는 뜨뜻하고 얼큰한 것이 먹고 싶어진다. 당연히 한국 식당에 가서 찌개 종류를 찾게 되고, 그 중에서도 부대찌개 같은 것이 있으면 더할 나위 없다. 하지만 아이들은 뭘 먹을까 궁리를 한다. 아빠 말대로 부대찌개도 괜찮은 것 같기도 하지만, 이왕 나온 김에 자기네들이 좋아하는 피자가 먹고 싶기도 한 것이다.

한국에서 태어나 성장한 후, 미국에 온 이민자들(소위 이민 1세들)은 그들의 정체성에 대한 분명한 의식을 가지고 살아간다. 어려서 한국이라는 문화 속에서 자랐고 한국의 전통과 관습에 따라 살아왔기 때문이다. 그러므로 이들의 내면에는 한국인이라는 정체성이 마음속 깊은 곳에 이미 자리잡고 있으며 이것은 그리 쉽게 변하지 않는다.

처음 미국으로 이민왔을 때, 이들의 마음속에 미국에서의 새로운 개념과 행위들을 배우게 되지만 그런 것들은 한국인이라는 정체성 위에 표면적으로 얹어지는 것뿐이다. 따라서 아무리 이곳에 오래 살아도 한국 사람들끼리 모여서 한국말을 하는 것이 훨씬 편하다. 그래서 한인 커뮤니티를 만들게 되고 그 속에서 편안함을 느끼는 것이다. 서로 모이면 한국의 정치나 경제, 사회에 관해 얘기를 나누며, 한국적인 문화와 전통을 미국 것보다 더 좋아하고, 또 한국적인 사고방식을 가지고 미국 문화와 사회를 판단하려고 한다.

따라서 이민 1세 중 많은 사람들이 은퇴할 때가 되면 고향인 한국으로 돌아가고자 하는 꿈을 버리지 못한다. 이처럼 이민 1세들은 일반적으로 새로운 문화에 동화되는 것이 쉽지 않다. 미국에서 살기 위한 생존에 필요한 기술을 개발하여 사는 것뿐이지, 자신이 이민 사회 속에서 언제나 아웃사이더라는 사실을 잘 알고 있는 것이다.

하지만 여기서 태어난 2세나 1.5세(정확히 말하면 13세 이전에 이민온 세대)들은 1세와 다르다. 오늘 저녁에 뭘 먹을까 하는 고민보다 더 큰 어려움을 겪게 되는 것이다. 부모세대는 물어볼

것도 없이 부대찌개나 순두부면 OK이다. 그러나 우리들의 자녀들은 부대찌개와 피자 사이에서 왔다 갔다 하는 것이다. 이들은 한국과 미국이라는 두 문화 속에서 정말로 심각한 정체성의 위기를 직면하면서 살아가고 있다. 집에서는 부모를 통해 한국 사람들이 믿고 지키는 가치관과 문화에 대해서 자연스럽게 배운다. 서툴지만 한국말도 배우고, 한국 음식을 먹고, 한국의 전통적인 사고방식에 대해서 알게 모르게 배우게 된다. 그렇지만 학교에 가서 그들만의 사회생활을 하면서 한국의 문화와는 다른 미국의 문화를 배우는 것이다.

다시 말해 이 아이들의 내면 속에 두 개의 세계를 갖게 되는 것이다. 그렇다고 해서, 두 문화가 짬뽕으로 섞이는 것이 아니다. 또 어떤 사람들이 말하는 것처럼, 소위 Twinkie, banana도 사실은 아니다. 겉은 노랗고, 속은 하얀 (생긴 것만 한국 사람이고, 속은 미국 사람) 것이 아니라는 말이다. 1.5/2세들은 엄연히 한국 사람으로서의 문화를 지니고 있으면서도, 동시에 미국 사람으로서의 문화를 가지고 살아가는 것이다. 그러다 보니 부모 모르게 많은 갈등과 고민을 겪는 것이 당연할 수밖에 없다. 그들은 늘 부대찌개와 피자 속에서 늘 갈등하며 살아가며 때로는 아파하고 있다.

한국 사람이면
고추장을 먹어야지

　교회에서 사역을 하다보면 여러 부모님들을 만나게 된다. 이민 교회라는 특수성 때문인지 그들은 자녀교육에 많은 신경을 쓰며 염려를 한다. 더구나 자녀들이 한국 사람이라는 정체성을 잊지 않도록 노력하는 모습이 역력하다. 한번은 어느 아버지가 자신의 자녀교육에 대해서 자랑스럽게 얘기하는 것을 듣게 되었다. 아무리 미국에 살아도 절대로 한국 사람임을 잊지 않도록 그렇게 교육하고 있다는 것이다. 어떤 식으로 교육을 하는지 궁금해서 좀 더 자세히 그 방법을 물어보았더니 그 아버지가 하는 말이, "아, 한국놈이면 당연히 고추장을 푹푹 먹을 줄 알아야지요. 그래서 매운 한국 음식을 항상 줘서 지금은 잘 먹어요." 겉으로는 그러느냐고 수긍하는 표정을 지었지만 속으로는 적지않게 당황했던 기억이 있다.

이곳에서 태어나고 자라난 2세 자녀들에게는 정체성에 대한 많은 고민이 있다. 더구나 이러한 자녀들의 갈등과 고민은 그들의 부모들이 그들을 이해하지 못한다는 사실, 그리고 항상 부모들은 그들에게 한국적인 사고방식으로 살기를 강요한다는 사실로 더욱 가중되어진다. 따라서 2세들은 어떻게 해서든지 이런 불편한 상황을 모면하고 해결하려고 노력한다. 그들이 부모들과의 갈등을 극복하는 하나의 방법은 한국과 미국의 두 문화 중에서 그 한 가지를 부정해 버리는 것이다. 실제로 부정할 수는 없지만 그렇게 함으로써 자신들이 겪는 갈등과 고민을 해소하려는 몸부림이라고 말할 수 있을 것이다. 부모와 아주 가깝게 연결되어 있는 자녀들 중 소수는 아예 미국의 문화를 거부하는 듯한 태도를 취한다. 이렇게 함으로써 부분적으로 집에서의 마찰을 해소하려는 것이다. 하지만 이런 경우는, 그들의 삶을 통해서 미국사회에 제대로 적응하지 못하게 되고 미국 주류사회의 주변에, 다시 말해서 가장자리에 남게 되는 위험성이 있다. 이런 부류의 자녀들 역시 언젠가는 미국 문화에 동화해야 하는 어려움이 그대로 남게 되기 때문이다.

그 밖의 대부분의 아이들은 부모세대의 문화, 즉 한국 문화를 될 수 있으면 부인하고 대체로 미국의 문화를 자기의 것으로 동일시하려고 노력한다. 물론, 나중에 성인이 되어서 달라지는 경

우도 많다. 하지만 대부분의 경우 미국 문화를 수용함으로써 자기들의 친구와 또래들로부터 인정받으려고 노력한다.

예를 들어서 옷 입는 것, 화장하는 것, 음악, 음식 등 자연스럽게 미국 문화를 자신의 것으로 받아들이는 것이다. 두 문화 속에 있지만 가능한 한 자신이 속한 그룹의 친구들처럼 생각하고 행동하려고 하는 것이다.

그런데 1세 부모들은 이것을 전통적인 즉, 한국 문화에 대한 거부로 이해하고 부모의 권위를 내세우는 것으로 반응하면서 갈등이 생기는 것이다. 자녀들의 상황이나 입장이 무시되고 억지로라도 고추장을 먹여서 한국 사람을 만들어야 한다고 생각하는 것이다. 그러다보니 부모와 자녀 간의 대화는 점점 사라지게 되고 서로간의 묘한 적대감이 싹트기 시작하는 것이다.

네가 한국놈이지
미국놈이냐?

    이곳 미국에서 태어나거나 어릴 때부터 자라난 소위 1.5세/2세들은 자신들의 부모를 잘 이해하지 못한다. 왜냐하면 자신들을 미국 사람처럼 취급하다가도 갑자기 한국 사람처럼 취급하기 때문이다. 부모가 평상시에, 특히 기분이 좀 좋을 때는 잘 하지도 못하는(?) 영어로 얘기하다가도 좀 언짢은 일이 있거나, 화가 나면 난데없이 소리를 지른다. 그러면서 꼭 하는 말이, "네가 한국놈이지 미국놈이야? 한국말로 해!" 그러면 자녀들은 한순간에 머쓱해져서 더 이상 할 말이 없어지고 마는 것이다.

    대부분의 2세들은 자신들의 삶 속에 자리 잡고 있는 이 두 가지, 한국과 미국의 문화를 차별화하려고 노력하고 있다. 집에서, 또 학교에서의 갈등을 피하려고 시도하는 것이다. 만일 집에서 미국 문화를 고집했다가는 부모에게 좋지 않은 말을 들을 것이고, 학교에서나 친구들 사이에서 한국식으로 했다가는 따돌림을 당하기 십상이기 때문이다. 그러므로 집에서는 한국식을 따르고, 학교나 밖에서는 미국 문화를 따라가는 기현상이 생기게 된다. 이런 이유로 자녀들은 양쪽 문화 사이에서 상당한 어려움과 혼란을 겪게 될 수밖에 없다. 초등학교 때는 미국 친구들과 어울려 놀았지만 중학교, 고등학교에 올라가게 되면 될 수 있으면 미국 친구를 집에 데려오지 않게 되고, 나중엔 그것도 귀찮아서 자신과 같은 2세 친구들이나, 아니면 자신들의 위치와 형편이 비슷한 동양친구들과만 사귀게 되는 것이다.

그런데 문제는 이렇게 두 문화로 갈라놓는 것은 양쪽 어느 문화에도 제대로 적응을 못하고 방황하게 되는 '문화적인 분열증세'를 만들 수도 있다는 사실이다. 물론 몇몇의 아이들은 양쪽 문화의 좋은 점들을 어떻게든지 하나로 만들어서 자신의 정체성의 위기를 극복하는 아이들도 있기는 있다. 그렇지만 이것은 말처럼 쉽지 않고 극소수에 불과하다. 대부분의 아이들이 두 문화 속에서 갈등하며 속앓이를 하고 있다. 더구나 요즘의 청소년들과 기성세대와는 문화적인 차이만이 아니라 세대적인 골도 상상할 수 없을 정도로 깊기 때문에 문제는 더욱 심각하다.

미국이라는 곳에서 자녀를 키우는 부모의 입장으로서 이런 문화적인 분열 증상을 일으키는 것을 보고만 있을 수는 없을 것이다. 이미 문화적 충격을 겪어본 1세 부모로서 다음 세대들이 이곳 문화 속에서 바르게 자랄 수 있도록 도와주어야만 한다. 만일 한국의 문화만을 계속해서 고집한다면 해결 방법은 없을 것이다. 그렇다고 해서 나는 한국 문화를 따르고, 내 자녀들은 미국 문화를 따라가도록 내버려 두는 것도 해결책은 아니다. 여기서 태어난 자녀들이 양쪽 문화의 좋은 점들을 통합하여 정체성의 위기를 극복할 수 있도록 도와주어야 한다.

그렇다면, 어떻게 두 문화 속에서 자녀들을 바르고 건강하게 자랄 수 있도록 도와줄 수 있는가? 무엇보다도 먼저 그들에 대한 인내심을 가져야 한다. 이들은 아직 청소년에 불과하다. 자라면서 가정과 사회 속에서 여러 가지 정서적, 사회적인 변화를 경험하고 있는 중이다. 솔직히 그것만으로도 이 아이들은 벅찬 시기를 보내고 있다. 이런 점을 부모들이 절대적으로 이해해 주어야 한다. 물론 답답하고 화가 날 때도 있겠지만 자녀에 대한 존경심을 가져야 할 것이다. 자녀들은 부모들이 대우해 주는 대로 성장해서 열매를 맺게 되기 때문이다. 따라서 우리들의 자녀들이 미국의 문화 속에서 자라나지만 또 한편으로는 한국 사람으로서의 문화와 전통을 잊지 않는 Korean-American으로서의 자부심과 긍지를 갖고 자라도록 늘 격려해 주어야 한다.

내 눈에
흙이 들어가기 전에는

　한번은 TV에서 한국 드라마를 보면서 우리 집 큰아이가 심각하게 질문했던 적이 있다. "아빠, 왜 한국 드라마에서는 항상 부모가 자녀들의 결혼을 반대해요? 그리고 결혼 때문에 항상 부모하고 자식이 왜 싸우고 그러죠? 또 부모님들이 자식들을 보고 내 눈에 흙이 들어간다고 그러는데 그게 무슨 소리에요?"

　자식의 결혼 상대자가 마음에 안 들어 못마땅하게 여겨서 결혼을 반대하는 부모가 항상 하는 대사, "내 눈에 흙이 들어가기 전에는 이 결혼은 허락할 수 없다." 바로 이 말이 잘 이해되지 않는 모양이다. 내가 봐도 한국 드라마의 대부분이 남녀의 사랑에 관한 것이고, 또 그러다보니 결혼 이야기로 흘러가고, 결국 부모의 반대로 갈등상황으로 드라마가 진행되기 마련이다. 여기서 자란 아이들이라 왜 부모가 자녀의 결혼에 저렇게 심할 정도로 반대

를 하는지 도무지가 납득이 되지 않는 것 같다.

　한국의 부모들은 다른 나라의 부모들에 비하면 자녀들을 심하게 간섭하는 편이다. 이 말은 그저 그렇게 느껴지는 것이 아니라 실제 통계로 나와 있다. 부모들이 이루지 못한 소망을 자신들의 자녀를 통해서 이루려 하는 경우가 32%이며, 또 부모의 직업이나 가계를 잇기를 원하는 비율이 61%나 된다고 한국의 갤럽 조사연구소는 밝히고 있다.

　이 말은 부모들이 자녀들을 독립된 인격으로 인정하지 않고 자녀를 하나의 종속적인 존재로 본다는 말로 해석할 수 있을 것이다. 예전보다는 많이 나아졌다고는 하지만 솔직히 말해서 아직도 자녀를 부모 마음대로 하려는 경향이 많이 남아있다. 어려서부터 성인이 될 때까지, 그리고 사소한 일에서부터 자녀들의 결혼에 이르기까지, 아니 결혼 후에도 쫓아다니며 잔소리를 하면서 자신들이 원하는 대로 하지 않는다고 불평한다. 말로는 자녀들을 위해서 그러는 것이고, 그들의 장래를 위해서 어쩔 수 없이 그러는 것이라고 하지만 실제로는 자신들이 원하는 바를 자녀들을 통해서 이루려고 하는 것이다. 그러다보니 항상 과잉으로 자녀들을 보호하려 들고 지나치게 간섭하게 되며, 바로 이런 문제로 늘 자식과 부모 간에 갈등을 겪는 것이다.

　미국에 이민 온 한인 1세 부모들은 거의 대부분이 이런 부모

밑에서 자라났기 때문에 부모가 자녀에게 간섭을 하는 것을 당연한 것으로 여길 수 있을지 모르지만 이곳에서 자라난 아이들에게는 이렇게 계속되는 잔소리와 넘치는 관심이 너무 부담스럽고 괴롭기만 하다. 물론 부모들의 사랑과 관심을 이해하고 또 부모들의 요구를 들어주고 싶지만 잠시도 멈추지 않는 과다한 염려와 걱정이 자녀들을 숨막히게 만든다는 말이다. 자신들은 부모와 자녀의 관계가 민주적으로 발전되어 서로에게 도움이 되는, 그야말로 성취적인 관계를 맺고 싶은데 반하여 부모들은 자신들을 하나의 종속물로 생각하는 귀속주의적이고, 후견인으로서의 노릇을 비장한 각오(?)로 담당하는 그런 부모의 모습 속에서 질식할 것 같이 답답해 하는 것이다.

이런 부모들의 간섭과 참견은 결혼할 때가 되면 극에 달한다. 자녀의 결혼 상대가 반드시 한국 사람이라야 된다고 믿으며, 적어도 이러 저러한 대학은 졸업해야 하며, 또 현재 갖고 있는 직업이 확실해야 한다. 아무리 크리스천이라고 해도 결혼 상대의 믿음이나 신앙 정도를 따지기 보다는 그야말로 인물이나 장래성과 같은 세상의 기준이 우선되는 것이 보통이다. 그리고 결혼을 하고 나서도 이것은 이래서 불만이고, 저것은 저래서 마음에 안 든다고 하면서 아이들과 사위 혹은 며느리를 달달 볶는다. 자녀들이 말을 안 해서 그렇지 속으로는 제발 부모들이 자신들로부터 멀리 떨어져 주기를 바라고 있다. 결혼한 자녀들에게 하루가 멀다 하고, 아니 한 시간마다 전화를 하고, 혹 전화를 받지 않으면 별 일도 아닌 것을 가지고 걱정을 하고, 다행히 아무 일도 없으면 그것을 가지고 삐져서 며칠을 말을 안 하고, 그야말로 진짜 TV 드라마처럼 돼버리는 것이다.

이제는 부모들이 먼저 솔직해져야 할 때이다. 자녀를 통해 무엇이든지 내가 원하는 것을 하고 싶은 것인지 아니면 정말로 자녀들의 행복을 원하는지를 반드시 따져 보아야 한다. 부모들이 진심으로 자녀들의 행복을 원한다면 하나님 앞에 자녀를 맡기고 떨어져야 한다. 하나님은 분명하고도 확실한 결혼의 모델을 우리에게 이미 주셨다. 창세기 2장 24절에서 "남자가 부모를 떠나 그의 아내와 합하여 둘이 한 몸을 이룰지로다."

바로 여기서부터 출발해야 한다. 이 말은 부모가 자녀를 꼭 떠나서 다시는 보지 말라는 것을 의미하거나 자녀들도 부모를 나 몰라라 하고 버리라는 말이 아니다. 자녀가 성장하여 결혼을 했으면 이제는 양쪽 부모로부터 정신적으로, 영적으로, 또 경제적으로 독립하여 설 수 있어야 한다는 말이다. 따라서 부모들은 자녀들이 성공적인 결혼과 행복한 가정을 이루어 살 수 있도록 결혼하기 전부터 미리 미리 독립의 준비를 시켜주어야 건강한 가정을 이룰 수 있을 것이다.

물론 부모의 눈에 비치는 자녀들의 모습은 언제나 어린 아이와 같고 불완전하고 염려스러울 수 있을 것이다. 그러나 하나님께서 돌보아 주시고 인도해 주심을 믿고 과감히 떠나보내야 한다. 하나에서부터 열 가지, 아이들의 대학 선정, 전공, 직업, 심지어 배우자 선택까지 모든 것을 참견하고 부모의 뜻대로 하려는 마음은 하나님께서 바라시는 것이 절대로 아니다. 정말로 자녀를 위한다면 오히려 한 걸음 물러서서 자녀를 위해서, 그들의 장래와 행복한 결혼을 위해서 모든 것을 하나님께 부탁하고 기도해 주어야 한다.

부모가 자녀를 대신해서 모든 것을 챙겨줄 수는 없다. 부모는 그들을 위해서 대신 살아줄 수도 없으며 그들의 인생을 대신 책임져 줄 능력자도 되지 못한다. 그러므로 하나님께서 우리에게 이렇게 귀한 자녀들을 선물로 주심을 감사하며 하나님께 자녀를 맡겨 버리면 된다. 이것이 우리가 할 수 있는 최선의 길일 것이다. 더 늦기 전에, "우리들의 눈에 흙이 들어가기 전에" 자녀들과의 아름다운 관계를 형성해야 할 것이다.

한국말?
아니면 영어로?

　알고 지내는 분 중에 나이가 좀 들어서 결혼하신 분이 계셨다. 그래서 첫 아이가 막 돌을 지냈는데 걱정이 이만저만이 아니었다. 나이가 있어서 그런지 모든 점에서 어느 정도는 자신이 있으면서도 은근히 자신이 하고 있는 자녀 양육 방식이 맞는 것인지 무척 궁금해 했었다. 그 중에서도 아이가 이제 막 말을 시작하려는 시점에서 한국말을 먼저 가르쳐야 하는지 아니면 영어를 가르쳐야 하는지를 놓고 고민하였다. 아이 엄마는 영어도 한국말도 아주 유창하게 하는 분이었기 때문이다. 이분의 말로는 선배 엄마들의 조언대로라면 집에서는 한국말을 써야 한다고 하는데 그러면 혹시라도 밖에서, 또 학교에서 영어가 뒤쳐지거나 못따라가지는 않을까 하는 걱정에 어쩔 줄 모르겠다는 것이었다.

　실제로 어려서 부모님을 따라 미국에 왔지만 학교에서 영어로

말하는 것 때문에 힘들어 하는 아이들을 보게 된다. 자기 또래 아이들과 비교해 볼 때 영어 사용에 많은 애를 먹는다. 가장 기초적인 말들 외에는 잘 하지 못하고, 그러다 보니 학교에서도 많은 문제를 일으키게 되는 경우가 생긴다. 영어를 잘 못하니 친구도 별로 없고, 수업 시간에 수업을 제대로 따라가지 못하니 학교 다니는 데에 전혀 흥미를 못 느낄 수밖에 없게 된 것이다. 이런 아이들에게는 학교란 마지못해 왔다 갔다 하게 되는 곳이 되어 버린다. 게다가 부모는 아이들이 영어뿐만 아니라 한국말도 다른 아이들에 비해서 잘하지 못하는 것을 발견하게 된다.

이에 반해서 어떤 아이들은 거의 같은 환경임에도 불구하고 학교생활에 잘 적응하면서 공부도 잘하고 많은 친구들을 사귄다. 이런 경우는 아이들의 활발한 성격 탓도 있겠지만 무엇엔가 자신감이 있어서 열심히 학업을 따라가면서 학교생활에 재미를 느끼고 있다는 이야기이다. 그렇다면 무엇이 이렇게 큰 차이를 가져오게 되는가? 이러한 차이에 대해서 많은 교육 전문가들은 가정에서의 모국어 사용을 장려하고 있다. 이민 생활과 같은 이중적인 언어 환경 속에서는 아이들의 지적인 능력은 자신이 집에서 배우는 모국어 능력을 토대로 해서 개발된다고 한다. 사실상 우리 부모들의 영어 실력은 아이들의 학교 수업 능력을 도울 정도의 수준이 되질 못하는 것이 현실이다. 아무리 대학을 졸업하고 영어를 몇 십 년 동안 배웠다고는 하지만 이이들에게 영어를 가르친다는 것은 무리이다. 여기서 태어나서 자라지 않은 이상, 우리들의 발음 속에는 알게 모르게 강한 한국식 억양이 묻어나기 때문이다. 더구나 한국말에 사투리라도 섞여 있으면 그야말로 국적 불명의 영어가 되어 버리기 십상이다.

따라서 아이들의 영어 공부를 도와주겠다고 안 되는 영어를 무리해서 사용하는 것보다는 한국말로 많은 대화를 나누는 것이 자녀들의 교육에 훨씬 더 도움이 된다는 것이 전문가들의 지적이다. 실제로 학교에서 영어를 잘 하는 아이들이 집에서 영어를 쓴다기 보다는 부모들과 항상 한국말로 대화를 나누고 있음을 쉽게 알 수 있다.

또한 공립학교 교사들도 가정에서의 모국어 사용을 적극 권장하고 있다. 모국어를 확실하게 구사할 수 있게 되면 자연히 영어도 뒤따라가게 된다는 말이다. 모국어를 가정에서 정확하게 가르치면 그 언어 능력을 통해서 사고력과 인지력이 형성되고 언어적인 능력이 향상되어 결국에 가서는 한국말과 영어 모두를 잘할 수 있게 된다.

반대로 이것도 저것도 아닌, 한국말도 영어도 아닌 애매모호한 말을 자꾸 사용하는 것은 부모와 자식 서로가 적당히 알아듣고 적당히 말하게 됨으로써 아이들의 지적 능력만 약화시키게 된다. 따라서 아이들이 자란 후에도 언어 문제만이 아니라 결국 모든 면에서 부모 자식 간의 관계마저도 적당 적당히 넘어가게 되는 결과를 초래하게 되는 것이다.

그러므로 부모는 한국말을 가정에서 분명하고도 정확하게 가르쳐야 할 필요가 있다. 또 외국에 살면서 한국말을 이 정도 하는 것으로 만족해서는 안 될 것이다. 나이에 알맞은 정확한 표현과 문장을 가르쳐주어서 잘 사용할 수 있게끔 좋은 언어습관을 길러주는 것이 중요하다. 이를 위해서는 먼저 부모가 영어와 한국말을 섞어서 사용하지 않도록 하는 것이 좋을 것이다. 집에서 한국말을 계속 사용하는 것이 오히려 학교에 가서 영어를 제대로 확실하게 배워 올 수 있는 지름길이 된다.

항상 우리 부모들의 마음은 자녀를 위해 최선을 다하고 싶은 마음임에 틀림이 없다. 영어를 사용하려는 것도 바로 이런 이유에서일 것이다. 하지만 내가 영어를 억지로 사용하는 것보다는 한국말을 사용하는 것이 큰 힘이 된다는 것을 명심해야 한다.

이제 세상은 여러 언어를 사용할 수 있는 사람을 필요로 한다. 이왕 우리가 할 수 있는 한국말을 잘 가르쳐서 영어도 공부도 잘 할 수 있는 자녀로 키우는 것이 훨씬 현명한 일이 될 것이다.

Never mind!

　　우리집 딸아이는 큰 아들녀석에 비해서 어려서부터 말을 잘했다. 오빠가 있어서인지 훨씬 빨리 말문이 터져서 한 돌이 지나기가 무섭게 조잘거리기 시작했다. 그런데 아들녀석과는 달리 평소에 한국말보다는 주로 영어로만 말했다. 아무래도 오빠의 영향이 컸던 것 같다. 그런데 문제는 집사람이나 내가 그 빠르게 조잘거리는 영어를 가끔 알아듣지 못할 때가 있었다는 것이다. 무슨 말을 그리 빨리 하는지…. 뭔가를 분명히 묻기는 했는데 도통 무슨 소린지 알아들을 수가 없었다. 그래서 내가 "What? What did you say (뭐? 뭐라고 그랬지)?"라고 반문하면 딸아이는 난감한 표정을 짓다가 결국은 "Never mind!(괜찮아요, 신경쓰지 마세요)" 하고 제 방으로 가버린다. "흠….."

　　아이들과 얘기를 하다가 가장 많이 듣는 말 중의 하나가 바로

"Never mind!"이라는 말이다. 부모 나름대로 자녀들의 얘기를 들어주려고 노력하는데 부모와 자녀들의 세대가 달라서 그런 건지, 문화가 달라서 그런 건지, 아니면 부모의 영어 발음이 영 시원치 않아서인지 아이들은 무심결에 "Never mind!"이라고 툭 내뱉으면 한편으로는 섭섭하기도 하면서, 혹시나 무시하는 것은 아닌지 적잖이 놀라기도 하고, 또 한편으로는 자녀들과 관계가 제대로 이뤄지고 있는가 걱정하게 되는 것이 부모의 마음이다.

　대부분의 부모들이 자녀들과의 대화를 힘들어 한다. 시간이 없어서 많은 대화를 나누지 못하는 것도 사실이지만, 대화를 한다고 해도 어떤 말을 해야 할지 어떻게 말을 해야 하는지를 잘 모르기 때문이다. 그렇다고 해서 아이들과의 관계를 포기할 수도 없을 것이다. 어렵지만 자녀들에게 대화의 채널을 항상 열어 놓고 있어야 이를 통해서 아이들의 생각과 고민을 들어 줄 수 있기 때문이다. 대화란 서로를 이해할 수 있는 좋은 방법이다. 부모는 자녀와의 대화를 통해서 그들의 마음을 알아주고 실제로 무엇을 생각하고 느끼며 살고 있는지를 알게 되며, 대화 가운데서 자기 자녀만이 가지고 있는 장점과 단점들을 발견하는 좋은 기회를 얻게 된다. 그렇다면 어떻게 해야 자녀들과 효과적으로 대화를 나눌 수 있는가? 여기에는 몇 가지 원칙이 있다. 물론 가정마다, 자녀마다 조금씩은 다른 상황과 환경이지만 일반적인 원칙을

알고 이를 따른다면 자녀들과 대화하는데 큰 도움이 될 것이다.

첫째로, 자녀들은 항상 질문이 많다. 그래서 이에 대한 대답을 하다보면 맞는 말을 하는지 아닌지 걱정스러울 때가 있지만 아이들의 질문에 맞는 정답이 항상 있는 것은 아니기 때문에 질문에 너무 당황하지 말고 형편과 상황에 따라서 솔직하게 이야기하면 좋은 대답이 될 것이다. 물론 가능하면 부모가 알고 있는 대로 정확하게 말해 주는 것이 바람직하다.

둘째로, 자녀들과 대화하다 보면 쉽게 부모의 생각을 주장하게 된다. 그러다 보면 자녀들을 본의 아니게 비난하게 되고, 결국 내가 맞고 너는 틀렸다라는 식의 대화가 된다. 그렇게 되면 아이들은 더 이상 부모와 이야기하고 싶지 않게 될 것이고, 결국은 대화는 어느 결에 사그러지게 되는 것이다. 어떤 아이들도 비난을 받거나 자기의 틀린 것을 지적받는 것을 좋아하지는 않음을 기억해야 한다.

셋째로, 가능하면 자녀들의 입장에서 그들의 말과 생각과 느낌을 이해하도록 노력해야 한다. 아직 성숙하지 않은 자녀들을 이해하는 것이 쉬운 일은 아니다. 하지만 대화의 가장 큰 목적이 자녀들을 이해하는 데 있다는 사실을 잊지 말고 참을성을 가지고 끝까지 들어주는 것이 중요하다.

넷째로, 대화를 통해서 자녀들의 생각을 바꾸려고 한다면 큰 오산이다. 대화의 목적은 부모의 생각을 전달하는 것이 아니라 오히려 자녀들의 생각을 들어주는 것이다. 어떻게 해서든지 아이들의 생각을 내 뜻대로 바꾸려고 하는 것은 자녀들과의 대화를 막는 가장 큰 장애물이 된다. 자녀들의 말을 막고 부모의 입장과 뜻을 전달하려고 한다면 이미 그 대화는 끝난 것과 다름없을 것이다. 아이들의 얘기가 아직 끝나지도 않았는데 다 들어보지도 않고 부모의 생각을 말하려 한다면 아마도 "Never mind!"이란 말이 자녀들의 입속에서 뱅뱅 돌고 있을 것이다.

제 2장. 삼양라면

삼양라면

　중고등학교 시절, 라면을 무척이나 좋아했다. 그 때는 지금처럼 라면 종류가 다양하지 않았으나, 누가 뭐래도 삼양라면이 최고였다. 햄버거나 프라이드 치킨 같은 패스트 푸드는 있지도 않을 때였다. 학교 수업시간 내내 집에 빨리 가서 라면을 끓여 먹을 궁리만 하고 있었다. 어머님은 항상 라면만 끓여 먹는 내가 안쓰러우셨는지 지금도 하시는 말씀이 "쟤가 한창 클 때 라면만 먹어서 많이 못 컸어."라고 하신다. 키가 175cm이면 작은 키가 아닌데도 어머님은 항상 아쉬워하신다. 하긴 중학교 2학년 때 키가 지금 키이니 말이다. 어머니 마음속에는 요즘같이 먹을 것이 많은 때에 자랐으면 더 많이 컸을 지도 모른다고 생각하시는게 틀림이 없다.

　어쨌거나 그래서 그런지 지금도 라면을 좋아한다. 배가 고프면 라면이 제일 먼저 생각이 나고, 가게에 가게 되면 무슨 새로운 라면이 나왔나 한 번씩은 꼭 들여다보곤 한다.

요즘 청소년들은 신기할 정도로 하루가 다르게 변한다. 하지만 몸만 변하는 것이 아니라 사회적으로, 정서적으로, 또 심리적으로 많은 변화와 새로움을 겪고 있다. 청소년이라 하면 구체적으로는 12-14살까지를 청소년 전기(Middle School 혹은 Jr. High School)라 하고, 15-18살까지를 청소년 중기 (High School), 그리고 18-22살까지를 청소년 후기(College)로 분류할 수 있지만 대체로 청소년이라 함은 중고등학교 아이들(12-18살)을 말할 것이다.

특별히 청소년 전기에 속하는 아이들은 부모를 깜짝 놀라게 만든다. 무엇보다 그들의 신체적 호르몬의 변화 때문일 것이다. 쉽게 말해 사춘기가 시작되는 것이다. 예전에 비해 그 시기가 더욱 빨라져서 그 전까지 초등학교 아이들과 같은 어린 모습을 갖고 있던 아이들이 한순간 달라진다. 개인적으로 많은 차이가 있지만 대부분의 아이들이 얼굴에 여드름이 생기기 시작하고 변성기가 찾아온다. 여자아이들은 어느새 몸에 곡선이 생기면서 여자다움을 갖추게 된다. 사회적으로는 초등학교에서 Middle 혹은 Jr. High로 진학하면서 새로운 변화를 많이 겪게 된다. 새로운 환경과 새로운 또래들을 만나게 되고 정서적으로도 많은 불안감을 느끼는 것이다. 같은 또래들과 비교하고 그들로부터 일종의 압박감을 느끼게 된다(Peer Pressure). 게다가 학교에서도 더 이상 어린아이 취급을 하지 않고 상급학교 학생으로의 책임을 강조하는 것이다. 따라서 청소년들은 심리적으로도 변화하기 시작한다. 물론 그들의 신체적인 변화에 비하면 훨씬 눈에 덜 띄지만 지적인 능력 역시 증가한다. 항상 유치한 이야기와 행동을 하던 아이들이 어느새 어떤 개념과 관련된 추상적인 이야기를 꺼내며,

삶에 대한 문제를 생각하기 시작하고, 도덕적인 것들을 판단하는 수준이 상승하는 것이다. 이제는 사회적인 문제나 이슈들에 대한 저 나름대로의 옳고 그름의 판단을 하고, 아직은 미미하지만 자신에 대한 정체성이 조금씩 싹트는 시기로 성장하는 것이다.

한 마디로 말해서 청소년 전기(12-14살), 이 시기는 참으로 예민하고 조심스러운 시기라고 말할 수 있다. 부모의 말 한마디에 상처 받고, 별일 아닌 작은 일에 삐뚤어지기 쉬운 바로 그런 시기이다. 그러므로 이런 청소년들에게는 부모들의 민감한 관심과 조심성이 절대적으로 필요하다. 자녀들의 이런 변화를 미처 깨닫지 못하고 어린 아이처럼 다루려고 해서는 안 될 것이다. 게다가 아이들마다 개성이 천차만별이기 때문에 여러 가지 방법을 가지고 접근해야 한다. 좀 더 아이들을 이해심과 인내심을 가지고 접근하는 것이 부모들이 반드시 가져야 하는 지혜인 것이다.

286DX

　요즘 나오는 컴퓨터는 전과는 비교가 되지 않을 정도로 진화(?)되었다. 무척이나 빠른 속도에 이제는 저장용량이 기가바이트(GB)도 모자라서 테라바이트(TB; 1TB는 1000GB이다)이고, 컴퓨터를 통해 영화, 음악, 인터넷 등 못하는 것이 없을 정도의 만능의 기능을 갖추고 있다. 게다가 값도 전에 비해서 오히려 무척 싸다.

　얼마 전 10여 년 된 컴퓨터가 하도 느리게 돌아가서 새 컴퓨터를 샀는데 $400도 채 주지 않았으니 말이다. 미국에 처음 와서 컴퓨터를 장만했을 때는 거의 살림살이 장만하듯 했다. 요즘 아이들은 알지도 못하겠지만 286DX라는 기종을 $2000이나 되는 거금을 주고 샀었다. 그 때에는 참으로 큰돈이었지만 유학생에게 꼭 필요했었기 때문에 눈물을 머금고 샀다. 지금의 컴퓨터와 비

교해 4배 이상이나 비싼 값이었는데도 성능이나 기능 모든 면에
서 지금의 컴퓨터와 비교도 되지 않는다. 내 기억으로는 저장용
량이 40MB(GB이 아니다) 정도였던 것으로 기억한다.

지난 20여 년 간 컴퓨터를 비롯한 기기들은 우리들이 따라가
지 못할 정도로 무섭게 발전하고 있다. 앞으로 5년, 10년 후에는
어떤 세상이 될지 무척이나 궁금하다.

미국의 사회 경제학자 Kenneth E. Boulding은 "내가 태어나
기 이전에 일어났던 일들과 내가 태어난 이후에 있었던 일의 양

이 거의 같다(Almost as much has happened since I was born as happened before.)"라고 말하였다. 그야말로 현재 우리는 과학문명과 사고의 가속화 시대에 살고 있다는 말이다. 이렇게 모든 것이 쉬지 않고 변하는 현대 사회가 바로 우리가 살고 있는 시대이며, 우리들의 자녀들이 자라나는 환경이다. 이러한 사회 속에서 청소년들은 여러 가지 변화를 경험하면서 때로는 혼란을, 때로는 당혹감을 느끼고 있다. 기성세대들은 이미 빠른 변화를 어느 정도 포기하면서 살아간다. 하지만 이 시대에 태어난 젊은 청소년들은 현대문화와 기계적인 문명을 따라가려고 발버둥치면서 때로는 정신적인 혼란 속에서 그들의 정체성을 잃어버리기도 하고, 사회에서 소외감을 맛보기도 하며, 도덕적으로 포기상태에 빠지기도 한다. 그 중 어떤 아이들은 아예 영적인 타락까지도 경험하고 있는 것이다.

가정이라는 환경 역시 별반 다를 것이 없다. 청소년들에게 있어서 가정은 그들의 삶의 중요한 환경 중의 한 곳이 된다. 그러나 가정 또한 21세기로 넘어 오면서 급속한 변화를 겪고 있다. 경제적인 성장과 더불어 가정은 더 이상 "스위트 홈"이 되어 주지 않는다. 많은 어머니들이 직장을 나가고, 대부분의 아버지들은 일에 중독이 되었다. 이혼율은 급증하고, 따라서 결손가정이 생기게 되었고, 심지어는 가정에서의 여러 모양의 폭력도 심심치 않게 보게 된 것이다. 따라서 청소년들은 가정으로부터 느껴야 하는 신뢰와 정서적인 안정을 더 이상은 얻지 못하고, 뿐만 아니라 부모로부터 오는 사랑과 이해를 상실하게 된 것이 지금 우리들이 사는 세상의 현실이 되었다.

바로 이렇게 정신없이 흘러가는 문명사회, 혼란한 가정환경 속에서 우리들의 청소년들이 자라나고 있다. 먼 나라 얘기가 아니다. 바로 우리 곁에 있는, 이 시카고 지역에 있는 우리들의 자녀들의 얘기인 것이다. 우리 청소년들은 아직 성인이 아니다. 어떻게 생존해 나가야 하는 지를 배우는 중이다. 그래서 그 힘겹게 생존하는 가운데 가끔씩 힘들다고 부모에게, 커뮤니티에, 교회에 SOS를 보내는 것이다. 그럼에도 불구하고 부모세대들은 그들에게 너무 무심하다. 단지 자녀들이 자신들보다 키와 덩치가 크다는 사실에, 컴퓨터와 스마트폰을 부모보다 더 잘 다룰 줄 안다는 사실에, 그리고 성적표에 A가 많다는 사실에 만족해 한다. 그들이 어떤 세상 속에서 살아가고 있는지를 정말 모른다.

물론 부모 세대들도 이민자로서 많은 어려움 속에서 살아왔음에 틀림이 없다. 한국에서 태어나 격동의 세월을 보냈고, 또 먼 이국 땅에서 열심히 살고 있는 것도 사실이다. 그러나 그것이 우리의 자랑이고 핑계가 될 수는 없을 것이다. 자녀들을 이 변화하는 현대 사회의 새로운 주체로 성장시킬 의무가 우리들에게 있는 것이다. 무분별하고, 이기적이고, 도덕적, 영적으로 타락한 사회 환경 속에서 우리 청소년들이 바른 신앙과 인격과 가치관을 가지고 이 시대를 살아가도록 해 주는 것이 우리 부모세대의 책임인 것이다.

버르장머리

집으로 걸려오는 전화 중에 아이들을 찾는 전화를 종종 받게 된다. 그런데 아이들의 친구들로부터 오는 전화를 받다보면 "요즘 아이들은 정말 버르장머리가…." 하는 말이 저절로 나오게 된다. 물론 몇몇 아이들은 자기가 누구이고 누구를 바꿔 달라고 공손하게 잘 말하지만 대부분의 아이들은 자기가 누구인지 말도 없이 그저 누구누구 바꿔 달라고 한다. 하다못해 "please"라는 말도 없다.

그리고 지금이야 저희들이 차를 운전하고 다니니까 상관 없지만, 전에 아이들의 부탁으로 친구들을 차에 태워주다 보면 집까지 데려다 준 다음, 차에서 내릴 때 고맙다는 말 한마디를 안 하고 내리는 것을 보게 된다. 아이들이 한국말을 잘 못하고 쑥스러워서 그러려니 하고 이해를 하려고 해도 뭔가 아이들의 교육이 잘못되었다는 생각이 든다. 버르장머리가 없다고 해야 할지 아니면 미국에서 자라나서 너무 자유롭다고 해야 할지 도무지 구분이 가질 않는다.

우리들이 어렸을 때에는 부모님으로부터 많은 잔소리(?)를 들으면서 자라났다. 요즘 아이들이 들으면 어떻게 생각할지 모르겠지만 아무튼 시시콜콜한 일에서부터 큰일에 이르기까지 부모님의 자상하면서도 엄한 가르침 속에서 어지간히 혼이 나야 했다. 다리를 떠는 것, 팔꿈치를 식탁 위에다 얹고 먹는 것, 먹을 때 후루룩 쩝쩝 소리를 내면서 먹는 것, 손가락 마디마디를 꺾으며 소리를 내는 것 등등은 부모님으로부터 혼나기 좋은 것들이었다.

특히 부모님께서는 어른에게든지 아니면 친구 사이에 있어서도 버릇없이 구는 것에 대해서 철저하게 가르치셨다. 집에 손님이 오시면 어떻게 해야 하는지, 전화를 걸거나 받을 때 상대방이 어른일 경우 어떻게 말을 해야 하는지 등에 대해서 늘 꾸중을 들어가면서 배웠던 것이다.

지금 우리들이 살고 있는 시대는 예전에 우리가 자라나던 때와는 다르다. 더구나 위아래를 따지면서 맹목적인 순종을 강요하던 권위주의적인 세상과는 거리가 멀다. 그렇지만 요즘 자라나는 아이들의 버르장머리 없는 것을 그냥 보고 지나치기에는 정도가 너무 심각하다. 많은 부모들은 남의 자녀들이 버릇없이 구는 것에는 동감을 하면서도 자신들의 자녀들을 바로 교육하고 있는지에 대해서는 별로 관심이 없어 보인다. 아니면 자신들의 자녀들은 잘 하고 있다고 쉽게 생각하는지도 모른다. 하지만 곰곰이 따져보면 그냥 넘어갈 문제가 아니다. 우리들의 자녀들이 가정에서, 교회에서, 또 친구들 사이에서 자기밖에 모르고 자신만을 위하라고 소리소리 지르며 그야말로 버르장머리 없이 자란다면 나중에 커서 어떻게 될 것인가?

　바쁜 이민 생활 속에서 자녀들에게 여러 가지로 미안한 마음에 야단 한번 제대로 못하는 게 여기 부모들의 마음이다. 그러다 보니 우리가 예전의 부모님들로부터 받았던 그런 잔소리 아닌 잔소리, 그런 참된 교육을 우리들의 자녀들에게 해주질 못한다. 여기 문화가 한국과는 다르니까 그렇겠지 하고 넘어가기도 하고, 내가 바빠서 아이 얼굴 한번 못 보는데 미안해서 한번 눈감아 주고, 우리 애들은 다른 애들과 다르지 하면서 지나갈 때가 태반이다.

　그러나 이곳 미국에도 지켜야 할 예절과 관습은 엄연히 존재한다. 미국이 우리의 행동 양식에 있어서 한국보다 자유스러운 나라이고 또 수직적인 권위주의보다는 수평적인 평등을 강조하는 사회이지만 여기에서도 사람과 사람 사이에서 지켜야 할 매너와 예의가 있다. 그러므로 우리 아이들의 버르장머리는 이곳 미국에서도, 또 지금 이 시대에도 잡아야만 한다. 그래야 모든 사람에게 존경받을 수 있는 사람으로 바르게 자랄 수 있을 것이다.

　더구나 나만을 위해서가 아니라 언제나 남을 위해서 살아야 할 책임이 있는 크리스천들은 우리들의 자녀를 정말로 바르게 양육해야 한다. 이래서 봐주고 저래서 넘어가다가는 자기밖에 모르고 자기 생각만을 고집하는 정말로 고약한 버르장머리를 가진 아이들이 되고 말지도 모르기 때문이다.

바른 생활

얼마 전엔가 타 주에서 사역하시는 어느 전도사님으로부터 전화를 받았다. 교회의 학부모들이 자녀교육에 관해서 묻더라고 했다. 어떻게 하면 자녀들을 도덕적으로 바르게 양육할 수 있는지를 궁금해 하더라는 것이다. 집에서는 아이들이 말을 잘 안 들으니 교회에서 목사님이나 전도사님이 아이들을 도덕적으로 잘 교육시켜 주기를 부탁했다는 것이었다. 그래서 아무리 책을 뒤져보고 찾아봐도 어떻게 해야 아이들을 도덕적으로(?) 교육시킬 수 있는지를 몰라서 나에게 전화했다는 것이다.

도덕교육이라니? 갑자기 한국에서 어렸을 때 학교에서 배운 "바른 생활"이 생각났다. 학교에서 도덕 시간을 통해 공중도덕을 잘 지키고 예절바른 사람이 되는 것을 배웠던 기억이 난 것이다. 도대체 부모들이 무엇을 원하는지 얼른 감이 잡히지를 않았다.

아이들이 부모들과 웃어른에게 인사를 잘하고 예절바르게 키워 달라는 것인가 해서 전도사님께 물어보았더니 물론 그런 것도 포함되지만 아이들이 가정과 교회에서 제 마음대로 행동하고 말버릇도 좋지 않고 한마디로 교육이 제대로 되어있지 않아서 걱정이 되어 전도사님께 도덕교육을 부탁했다는 것이었다.

그래서 간단하게 세 가지로 답변해 주었다.

첫째, 자녀들의 도덕 교육은 어떤 사람의 이론이나 책을 통해서 교육되는 것이 아니라 하나님의 말씀을 통해서 교육되는 것이다.

둘째, 자녀들의 도덕교육은 교회의 목사님이나 전도사님의 책임이 아니라 일차적으로 바로 그 자녀들의 부모에게 책임이 있다.

셋째, 따라서 그러한 교육은 가정이라는 환경 속에서 부모를 통해서 계속해서 이루어지는 것이지 교회교육만으로는 불가능한 것이다.

전화를 끊고 난 후, 많은 교회들의 주일학교 교육에 대해서 다시 한 번 생각해 볼 기회를 갖게 되었다. 교회에 다니는 대다수의 부모들이 자녀들의 신앙교육에 대해서 큰 오해를 하고 있다는 마음이 들었다. 부모들이 다 그런 것은 아니겠지만 아이들이 교회를 열심히 나가면 전도사님이나 주일학교 교사들이 자녀들에게 성경을 가르쳐서 교회를 통해 영적인 원리들을 당연히 배우게 되는 것이고, 부모는 단지 교회를 도와서 VBS 행사 같은 때 뒤에서 열심히 점심을 챙겨주면 된다고 생각하는 것이다.

따라서 자녀들의 신앙교육은 모두 교회를 통해서 이루어지고 도덕교육을 포함, 그 모든 교육의 책임이 교회에 있다고 믿고 있는 것이다. 물론 교회에서 목사님과 전도사님, 그리고 주일학교 선생님들은 우리들의 자녀들을 가능한 범위 내에서 바르게 자라도록 최선의 노력을 하는 것은 사실이다. 하지만 일주일에 한 번 혹은 두 번, 그것도 한두 시간 만나서 어떻게 그 중요한 영적, 도덕적인 교육을 시킬 수 있겠는가. 절대로 불가능한 일이다.

가장 중요한 교육은 가정에서 시작되고 가정을 통해서 훈련된다. 다시 말해서 부모를 통한 교육이 가장 중요하다는 것이다. 부모의 교육을 통해 우리들의 자녀들의 인격이 성장하고 성숙하는 것이다. 자녀들의 도덕적인 성장 또한 그 가정의 환경과 분위기에 따라서 자라나고 배워가며 학교나 교회 선생님을 통해서는 극히 일부만을 배우게 되는 것이다.

자녀는 부모를 닮게 되어 있다. 지금 이 순간에도 자녀들은 그 부모의 모습과 똑같이 복사되는 중이다. 어떤 때는 부모들의 행동을, 심지어는 말하는 어투까지도 징그러울 정도로 똑같이 닮는다. 그러므로 당연히 그들의 생각도, 가치관도, 신앙도 부모를 닮아가는 것이다. 부모들이 항상 삶의 목적을 세상의 것들에 두고 욕심을 부리면 자녀들도 당연히 세상의 돈과 명예에 목숨을 걸고 살 수밖에 없다. 그런데 만일 부모가 하나님을 사랑하고 하나님을 기쁘시게 하는 일에 삶의 우선순위를 두게 된다면 당연히 그런 부모의 자녀들은 하나님이 기뻐하시는 사람으로 자라가게 될 것이다. 부모가 가정에서 그야말로 "도덕적"으로 사는 모습을 보인다면 자녀들은 당연히 도덕적인 자녀들로 성장한다는 말이다.

그러므로 부모들은 먼저 가정에서부터 하나님의 말씀을 가지고 자녀들을 양육해야 한다. 성경은 부모가 자녀를 어떻게 양육해야 하는가를 구체적으로 가르쳐 준다. 말씀을 자세히 보면 그 속에서 많은 부모들의 예를 통해서 충실한 자녀교육의 모범과 잘못된 자녀교육을 잘 보여 주고 있다. 먼저 말씀으로 돌아가서 우리들에게 맡겨주신 하나님의 자녀들을 하나님이 기뻐하시고 다른 모든 사람들에게 존중받는 참으로 도덕적인 인격체로 성장시키도록 모범을 보이는 부모가 되도록 노력해야 할 것이다.

퓨전 문화

    요즘은 어디를 가도 퓨전(fusion)과 관련되지 않은 것이 없다. 무심코 지나가면 잘 모를 수도 있겠지만 자세히 살펴보면 많은 것들이 퓨전으로 이루어져 있다. 퓨전이란 말 그대로 두 개 이상의 것이 하나로 섞인 것을 말한다. 음식도 옷도, 음악도 상품도 모든 것이 퓨전 문화의 영향을 받고 있는 것이 사실이다.

    최근의 젊은이들의 옷차림을 보면 국적과 성별을 구별하기가 힘들다. 나라와 문화도 섞이고, 성별도 섞여버렸다. 음악도 서양 음악에 국악적인 요소가 첨가되어야 멋져 보이고, 락음악과 클래식이 함께한다. 먹는 것도 마찬가지이다. 한국 음식과 미국 음식이 자연스럽게 섞여서 새로운 음식을 창출해 낸다. 시카고 내에도 코리안 퓨전 식당이 있어서 타코(taco)와 불고기가 합쳐진 근사한 음식을 선보인다. 한식과 양식만이 아니다. 일식도, 중식도, 이탈리안 음식도 이것저것 합쳐지고 있는데 이런 퓨전이 대세로 흐르고 있다.

이민자들이 모인 미국에서만의 현상이 아니다. 유럽도, 아시아도, 한국도 역시 마찬가지이다. 한국의 TV를 보면 이곳과 별반 다를 것이 없으며, 세계화 혹은 "Globalism"이라는 새로운 패러다임 속에서 퓨전 문화는 그야말로 세계적인 추세이다.

어떤 상품도 한 가지만의 기능을 가지고는 살아남기 어려워졌다. 이미 TV와 DVD, 그리고 인터넷이 합쳐졌고, 컴퓨터 프린터가 복사기, 스캐너, 팩스로 여러 기능을 하는 것은 벌써 오래 전 얘기이다. 요즘의 휴대전화기는 웬만한 카메라 기능을 다할 수 있으며, 여기에 인터넷, 게임, MP3 기능, 그야말로 만능이다. 원래는 서로의 기능이 전혀 관계가 없었던 제품들이었다. 그러나 디지털이 발전하면서 모든 것이 쉽게 연결되어 버린 것이다. 음악도 레코드판에서 카세트 테잎으로 다시 CD라는 디지털로 변화하였으며 이제는 MP3, MP4라는 완벽한 디지털로 탈바꿈하였다.

따라서 요즘의 젊은 세대는 우리 기성세대가 알고 있는 아날로그 문화를 전혀 모르며 관심이 없다. 우리 부모세대가 디지털에 대해서 약간의(?) 두드러기 현상이 있는 것처럼 말이다.

이제는 우리들이 이렇게 복잡한 퓨전 문화 속에서 한 가지만,

하나의 사고와 기능만을 고집하는 세상이 아니라 여러 가지 아이디어와 기능을 요구하는 세상 속에서 살아가고 있다. 이 시대는 이렇게 여러 가지 기능을 분석하여 재결합하여 새롭게 창출해 내는 퓨전 능력을 우리들에게 요구하고 있다.

내게 주어진 여러 가지 재료와 아이디어, 또 계속 쏟아져 나오는 새로운 정보를 가지고 다시 이렇게 저렇게 합쳐서 새로운 가치와 새로운 힘을 만들어 내야 그 능력을 인정받게 된 것이다. 바로 이것이 신세대와 기성세대의 다른 점이다. 부모세대는 그저 단순히 눈에 보이는 것만을 가지고 살아왔지만 자녀세대는 디지털과 인터넷이라는 공간을 사용하여 새로운 퓨전 문화를 우리 삶 속에 창조해내고 있는 것이다.

그러므로 아날로그의 감성을 가진 부모들은 고달플 수밖에 없다. 먹고 살기도 바쁜데 우리 자녀들의 디지털 마인드까지 이해해야만 하기 때문이다. 판이하게 달라진 자녀들의 사고방식을 따라가기가 벅차다. 신세대들의 사고와 가치관은 점점 더 실제적이고 합리적으로 바뀌고 있으며, 굉장히 현실적이고 분석적이다. 그러다보니 '우리'라는 개념 속에서 살았던 부모세대와는 다르게 '나'라는 개인주의적인 성향을 보이게 되며, 그들에게는 '행동'이 '존재가치'보다 더 중요하게 여겨지며. 사람과 사람과의 '관계'보다 일의 '성취'와 '결과'가 더욱 중요하게 여겨진다.

그러므로 아날로그식의 머리와 눈을 가진 부모들은 자녀를 이해하기 힘들다. 자녀들은 이미 빠르게 변화하는 세상 속에서 일차적인 변화를 겪었고, 새로운 세상을 향해 달려가고 있기 때문이다. 아니 어쩌면 이미 이차, 삼차적인 변화마저 겪었는지도 모른다. 솔직히 말해서, 많은 부모들은 이런 퓨전 문화가 마음에 들지 않을 것이다. 그러나 우리들이 기억해야 하는 것은 퓨전 문화 자체가 좋고 나쁜 것이라고 말할 성질의 것이 아니며, 이런 문화의 변동은 결국 우리들이 어떻게 사용하느냐에 달려 있음을 인식해야 한다.

또한 이러한 세상의 진보적인 성향은 계속해서 빠른 속도로 달려갈 것이며, 나를 위해서 그대로 그 자리에 멈춰 있지 않을 것임에 분명하다. 그러므로 부모들은 오히려 우리들의 자녀를 통해서 세상의 퓨전 문화를 바르게 이해하고 그들과 함께 하나님께서 원하시는 바른 문화를 창출할 수 있도록 노력해야 한다. 두세 개의 것들이 합쳐져도 그 바탕에는 아주 기본적인 것들이 자리잡고 있다. 이런 기본을 부모들이 지켜주어야 하는 것이다. 분명히 퓨전이라는 이름 속에 감추어진 해독과 위험성이 있을 것인데 이런 것들로부터 우리들의 자녀를 건강하게 보호할 수 있도록 그 '기본'에 충실할 수 있도록 퓨전 문화의 모니터 역할을 해 주는 것이 우리 부모들의 책임이고 의무가 될 것이다.

예쁜 손, 미운 손(?)

예쁜 손? 미운 손?

　"우리" 집사람은 원래 왼손잡이다. 어려서는 무엇을 하던지 왼손이 편했는데 한국에서 왼손잡이로 사는 것이 불편할 것이라고 생각한 현명하신(?) 장모님께서 억지로 고쳐주셨다고 한다. 왼손으로 글을 쓰거나 밥을 먹으려고 하면 오른 손으로 얼른 고쳐주시며 늘 이렇게 말씀하셨다고 한다. "그 손은 미운 손, 예쁜 손 써야지, 아이 착하지."

　하지만 어른이 된 지금 밥을 먹거나 글을 쓰는 것은 오른 손으로 하지만 힘을 쓰는 일이나 정확하게 해야 하는 일을 보면 꼭 왼손을 사용한다. 예를 들어서 걸레를 짠다든지, 병뚜껑을 연다든지 하는 힘을 쓰는 일과, 바느질과 같은 일은 왼손으로 자연스럽게 한다.

　한국에서 자란 우리는 그런 문화 속에서 자라났다. 이 글의 제일 처음 단어 "우리"라는 말이 항상 앞서는 그런 문화를 말한다. "내 아내"로 쓰기에는 뭔가 쑥스러운 생각이 들어서 "우리" 집 사람이라고 부르는 바로 그런 문화 말이다. 가족주의로 형성된 한국의 집단주의적 성향은 우리를 이런 식으로 언제나 우리 사람끼리 뭉치게 만든다. 이런 저런 모임을 만들고 거기에 속하려고 열심이다. 동창회를 만들고 도민회도 만든다. 또 그 안에서도 기수별 동창회를 만들고 지역별로 모임을 만들고 항상 그런 식이다. 그래서 서구의 개인주의(individualism)보다는 집단주의

(collectivism) 성향이 항상 강하게 나타난다. 이런 집단주의적인 성향은 "우리"라는 그룹과 "남"이라는 그룹을 분명하게 갈라 놓게 된다. 그러기 때문에 항상 소수의 집단은 다수의 집단에 의해서 불이익을 당하게 된다.

우리와 같은 미국에 사는 이민자들은 소수민족으로서 차별을 당한다고 말하지만 한국에서의 외국인에 대한 차별과 박대는 이루 말로 할 수 없을 정도이다. 이것은 소수의 외국인들을 결코 "우리"라고 보지 않기 때문이다.

왼손잡이는 바로 그런 "우리"에 속하지 않는 그룹이다. 그래서 항상 차별을 당하는 것이다. 왼손잡이라고 놀림을 당하고 왼손으로 밥을 먹으면 옆 사람이 불편하다면서 눈치를 준다. 왼손으로 글씨를 쓰면 신기하다는 듯이 쳐다본다.

내가 안경을 쓰기 시작한 것이 초등학교 2-3학년 때였는데 그 때(1970년 초반)는 아이들이 지금처럼 그렇게 많이 안경을 쓰질 않았다. 그저 한 반에 한두 명 정도 될 때였다. 안경을 끼고 학교에 가자마자 나는 새로운 별명을 가져야만 했다. 지금 생각하면 참 어처구니없지만 한동안 내 별명은 "네 눈깔"이었다. 같은 한국 사람이라도 나와 좀 다르다 싶으면 그 사람은 금방 "우리"라는 그룹에서 "남"이라는 그룹으로 떨어져 나간다. 왼손잡이가 그렇고, 안경쓰는 사람이 그렇고, 장애우가 그렇게 "우리"에 끼지 못하는 것이다.

이처럼 "우리"를 떠나서 나와 다른 사람들을 받아들이기를 힘들어 하고 불편해 하는 집단주의적 문화가 한국의 문화이다. 물론 "우리"를 중시하는 집단주의적인 성향이 모두 잘못되었다는 말이 아니다. 그러나 "우리"만을 위해서 "남"을 무시하고 차별하는 사고는 정말 잘못된 것임에 틀림이 없다. 한국을 떠나 미국에서 사는 우리에게도 그러한 성향은 아직도 많은 부분에서 남아 있다. 외국에 살기 때문에 더 그런 성향이 강해졌을지 모른다. 어쩌면 지금도 우리들의 자녀들에게도 이런 집단주의적인 성향을 그대로 물려주고 있는지 모른다.

여기서 자라나는 2세들도 은연중에 나와 다른 문화를 가진 사람들을 무시하고 자기들끼리만 뭉치려고 하는 성향을 쉽게 볼 수 있다. 우리의 것과 우리의 전통을 자랑스럽게 생각하고 보존하는 것은 훌륭한 일이지만 우리만이 항상 옳고 남은 틀렸다는 생각은 참으로 위험하기 그지없다. 이제 우리가 사는 세상은 우물 안의 개구리처럼 "우리"만을 고집하면서 사는 세상이 더 이상은 아닐 것이다. "남"을 이해하고 수용할 줄 알아야 하는 세상이다. 내 것만을 고집하고 내 방식만이 맞는 것이라고 해봐야 소용이 없다. 오히려 세상은 남들이 하는 방식과는 정반대의 사고와 행동을 높이 사는 세상이 되었다. 예쁜 손보다는 미운 손이 대접받는 세상이 되었다는 말이다.

이제 우리는 "우리"의 문화와 우리의 정체성을 가지고 "남"을 인정할 수 있는 여유로운 마음을 가져야 할 것이다. 백인도, 흑인도, 중남미인도, 모두가 우리와 마찬가지의 사람이고, 또 우리의 이웃이고 그들도 그들만의 훌륭한 문화를 가지고 있다는 사실을 수용해야 한다.

또한 이 땅에서 우리들만이 우리끼리 살아가는 것이 아니라 그들과 함께 더불어 살아가야 한다는 범세계적인 시야를 우리들의 자녀들에게 전해 주어야 할 것이다.

화장실 함께 갈까?

　어떤 남자가 친구에게 화장실 함께 가겠느냐고 물어보았다면 아마 정신이 좀 어떻게 된 사람으로 취급을 받을지 모른다. 남자들이 화장실을 가는 이유는 단 한 가지밖에 없다. 용변을 보러 가는 것이다. 그러나 여자에게 있어서 화장실은 용변 외의 많은 일을 하는 장소로 사용된다. 화장실에 가서 화장도 고치고, 친구들과 이야기도 하는 사교의 장소도 되는 할 일이 많은 곳이다. 그래서 여자들은 화장실을 갈 때 혼자 가는 것이 아니라 친구들과 항상 함께 가는 것이다.

　남자와 여자는 정말로 다르게 창조되었다. 하나님께서 그렇게 만들어 주셨다. 이것은 비단 생김새만 다른 것이 아니다. 말하는 것, 생각하고 행동하는 것 어느 하나도 남자와 여자가 같은 것이 별로 없다는 생각이 든다. 이 말은 누가 더 우월하다거나 누가 더

열등하다는 얘기가 아니라. 정말로 다르다는 말이다.

예를 들어보자. 대부분의 남자들은 냉장고 안에 빤히 보이는 그릇 하나도 찾지를 못해서 어디 있느냐고 소리를 지른다. 또, 집이나 사무실에 있는 물건 하나도 제대로 찾아내지 못하면서 DVD는 알파벳 순서로 정리해야 한다. 반대로 여자들은 자동차 열쇠가 어디 있는지를 기가 막히게 잘 찾으면서도 5분 거리의 가까운 길은 제대로 찾아내지 못한다.

근래에 들어서 많은 학자들이 우리 인간의 두뇌를 연구하면서, 특히 남자와 여자의 뇌 구조를 비교, 연구하면서 많은 것들을 알게 되었다. 일반적으로, 남자들의 두뇌는 구획 구획으로 나누어져 있어서 한 번에 한 가지씩의 일만 할 수 있도록 되어 있다고 한다. 그래서 남자는 전화가 걸려오면 TV 소리를 낮추며, TV나 신문을 볼 때 옆에서 누가 하는 말을 전혀 알아듣지 못하는 것이다. 반대로, 여자의 두뇌는 다중처리가 가능하게 설계되어서 거의 관련 없는 일을 동시다발적으로 할 수 있다. 전화를 하면서, TV를 볼 수 있고, 운전을 하면서 화장을 하는 것이 이상하지 않다.

언어와 관련된 기능을 살펴보면 여자들이 남자들보다 훨씬 뛰어나게 설계된 뇌 구조를 지니고 있다. 따라서 여자들이 친구들과 수다 떠는 것을 좋아하고 학교에서 언어 과목은 여학생들이 남자들보다 성적이 높게 나온다. 이에 반해서 방향과 공간에 관련된 능력에 있어서는 남자 아이들이 우월함을 보여 준다. 그래서 공간과 관련된 활동, 예를 들어 컴퓨터나 비디오 게임에 남자들이 쉽게 빠진다. 남자들은 지도를 한 번 보고서 기억에 의해 방향을 잡아나갈 줄 안다. 예를 들어 야구장에서 핫도그를 사러 매점에 갔다가도 금방 자기의 좌석을 찾아서 되돌아 오는 것이다.

남자와 여자는 정서적, 사회적인 면에 있어서도 확연한 차이를 보인다. 남자는 사물과 사물의 작동 구조에 관심이 많지만 여자는 사람과 인간관계에 관심이 많다. 남자들은 자신이 속한 그룹에서 다분히 경쟁적이다. 속한 그룹 안에서 리더를 세우고, 그 밑에서 서로 간의 서열을 분명히 한다. 그러나 여자들의 그룹은 서로 협조적이라 사실상의 리더는 없다고도 말할 수 있을 것이다. 게다가 여자의 감정은 동시다발적으로 작동이 가능하며 언제 어디에서도 감정이입이 신속하다. 드라마를 보다가 쉽게 우는 이유가 여기에 있는 것이다. 하지만 남자들은 그렇게 될 가능성이 적을 뿐 아니라 아예 그러기를 거부해 버린다.

이러한 남자와 여자의 차이는 어려서부터 나타난다. 그저 아이들은 다 같은 아이들이라고 할 것이 아니라 저들의 신체적인, 정서적인, 또 기능적인 면을 고려해서 자녀의 적성과 개성이 발휘될 수 있도록 도와주고 격려해야 한다. 남녀 차이에 대한 '비교'를 하는 것이 아니라, 그 차이에 대한 '이해'가 필요하다. 그러므로 우리 아들딸들의 뇌 구조가 다르다는 것을 먼저 이해하고, 자녀들이 가진 장단점을 지혜롭게 격려, 보완해 주며 자녀들의 특성에 맞추어 양육하는 것이 우리 부모들의 책임이 될 것이다.

제 3장. He's 공부ing

He's 공부ing

　딸아이가 초등학교 1학년 때였던 것으로 기억된다. 거실에서 혼자 놀고 있어서 오빠 어디 있냐고 물어 보니 자기 방에 있다고 하는 것이었다. 그래서 "오빠 뭐하는데?"라고 물으니 딸아이의 대답이 그야말로 걸작이었다. "오빠? 히스 공부잉 (He's studying)."

　아이들이 미국에서 태어났지만 한국 부모 밑에서 컸기 때문에 여러 가지 참 재미있는 일들을 많이 겪으면서 자라났다. 그 중에서도 아이들이 한국말과 영어를 적당히(?) 섞어서 하는 것을 보면 한편으로는 우스우면서도 또 한편으로는 참 신기할 때가 많다. 딸아이만이 아니라 아들 녀석도 곧잘 엉뚱한 말을 잘 한다. 텔레비전에서 야구나 농구를 같이 보다가 "오늘 게임에 어느 어느 선수가 안 보이는데…."라고 말하면 아들 녀석은 영락없이 "

아빠, 그 선수 오늘 안 놀아요 (He is not playing today)."라고 대답한다.

많은 부모들에게 있어서 자녀들과 대화를 한다는 것은 그야말로 스트레스 쌓이는 일이 아닐 수 없을 것이다. 더구나 영어와 한국어를 섞어서 대화하다보면 서로 이해하지 못할 뿐만이 아니라, 솔직히 말해서, 어떤 때는 나도 내가 무슨 소리를 자녀에게 하는

지 이해하기 힘들 때가 있다. 또한 자녀들 역시 부모와 얘기하는 것이 쉽지 않다고 말한다. 부모는 부모대로 영어가 힘들고, 아이들은 아이들 대로 한국말이 어려운 것이다.

캘리포니아 지역의 한인 자녀가 부모와 대화하는데 있어서의 어려움을 다음과 같이 표현하고 있다: "엄마랑 얘기할 때 한국말로 하려고 노력해요. 하지만 가장 중요한 감정적인 것들은 한국말로 잘 말하지 못해서 영어로 하게 되요. 그러면 엄마는 내가 무슨 소리를 하는지 전혀 못 알아들으세요. 그러면 정말 힘들어요. 나는 엄마가 왜 영어를 배우지 않는지 모르겠어요. 엄마는 미국에서 산 지 거의 20년이 되거든요." (I try to speak Korean when I talk with my mother, but the most important emotional stuff I say in English because I cannot express it in Korean. So my mother does not have any idea what I am trying to say. It is really frustrating. I don't understand why she does not try to learn English. She has lived here almost twenty years.)

아마 어떤 가정도 부모와 자녀 간의 대화가 쉽게 이루어진다고 자신 있게 말하기 어려울 것이다. 하지만 자녀들과 말이 잘 안 통한다고 해서 말을 안할 수도 없을 것이고, 그렇다고 해서 그냥 포기하고 얼굴만 쳐다보고 살 수는 더더욱 없을 것이다. 자녀와의 바른 관계를 갖기 위해서 부모들이 먼저 조금 더 노력해야만한다. 말처럼 쉽지는 않지만 우리 부모가 조금 신경 쓰고 자녀를 이해하는 마음으로 다가간다면 그렇게 어려운 것만은 아닐 것이다. 그렇다면 어떻게 자녀들과 이야기 할 수 있을까? 아이들과 얘기하는 것이 가능하기는 한 것일까?

부모들은 자녀들에게 어떤 말을, 혹은 충고를 해 주고 싶을 때, 좋은 의도를 가지고 있다는 것만으로는 결코 충분하지 않다는 사실을 먼저 이해해야 한다. 따라서 어떤 대화를 하기 전에 몇 마디라도 아주 간단한 말들을 건넴으로써 자녀들의 마음의 문을 여는 것이 중요한 것이다. 예를 들어서, "너도 이미 잘 알고, 또 잘하고 있겠지만, 엄마 얘기 한번 들어 보겠니? 나도 뭔가 너한테해주고 싶은 말이 있는데…"라는 종류의 말로 대화를 시작할 수 있을 것이다. 또한 부모들이 자녀와 대화하기 위해서 갑자기 자녀의 방에 들어가는 행동을 삼가야 할 것이다. 그런 식으로 일방적인 태도를 보이는 것보다는, "네가 지금 하고 있는 것 다 한 다음에 시간이 되면 우리 잠깐 얘기할 수 있을까?"라는 식으로 먼저 대화의 분위기를 조성하라는 것이다.

부모들이 자녀들로부터 존경 받기를 원하는 것과 마찬가지로, 자녀들 역시 부모들로부터 존중 받기를 바라고 있음은 틀림없는 사실이다. 그러므로 부모가 자녀에 대해 존중하는 마음을 보여 주지 않는 한, 자녀들과의 대화는 이미 단절된 것이라고 생각해야 한다. 부모의 솔직하고 열린 마음과 자녀에 대한 존중심을 아이들이 요구하고 있는 것이다. 어떻게 보면 상호 존중은 자녀들과 대화를 위해서뿐만이 아니라 부모와 자녀 간에 건전한 관계를 위한 가장 중요한 기반이 되는 것이다.

현대 사회 속에서 자녀들의 삶에 영향을 미치는 많은 요소가 있다. 아이들이 다니고 있는 학교라는 사회를 통해, 친구들과의 교제를 통해, 또 대중문화와 현대문화의 흐름을 통해 많은 것들을 따라하고 배우고 있다. 하지만 그럼에도 불구하고, 부모는 여전히 자녀들과의 대화를 통해서 큰 영향을 미칠 수 있으며 부모로부터의 영향이 어떻게 보면 가장 크다고 말할 수 있다.

따라서 자녀를 가르치는 올바른 방법은 그들과 사사건건 싸우면서(물론 싸움도 하나의 방법이겠지만) 갈등을 키워나갈 것이 아니라 서로의 마음을 나누고, 서로가 자신의 입장만이 아니라, 부모가 자식의 마음을 알아주고, 또 자녀들은 부모의 이야기들을 통해서 배우는 서로가 이기는(win-win) 상황을 만들어가야 할 것이다.

어떤 부모도 아이들과의 대화와 관계에 있어서 타고난 기술을 가지고 늘 성공하는 사람은 없을 것이다. 하지만 아이들이 날마다 자라는 모습을 보면서 그들에게 관심을 가지고 자녀를 이해하고 사랑하는 마음을 가지고 자녀들과 대화하는 방법과 기술을 배우고자만 한다면 힘들고 어렵지만 자녀들을 귀하게 양육하는 지혜로운 부모가 될 수 있을 것이다.

자녀들의 눈에 비쳐지는
1세 부모들의 모습

　이제는 제법 아침저녁으로 선선한 바람이 불면서 시카고의 여름이 지나간다. 물론 늦더위가 한두 번 기승을 부리겠지만 마음은 벌써 가을을 준비하는 때가 되었다. 가을만 준비하는 것이 아니라 자녀들의 새로운 학기가 이번 주부터 시작되면서 방학 내내 늦잠 자던 아이들이 아침 일찍부터 학교에 가느라고 고생이 많을 것이다.

　많은 학부모들은 아이들을 초등학교로, 중학교로, 또 고등학교로 보내면서 여러 가지 걱정이 많이 있을 것이다. 이번 학기에 공부하는 것이 어렵지는 않으려는지, 혹시 나쁜 친구들을 만나지는 않으려는지 등의 걱정들이다. 아무래도 부모들에게는 자녀에 관한 일들이 가장 큰 관심사이다. 특히 이민 1세 부모들은 이곳 이국 땅에서 이민자로 살면서 모든 소망을 자녀들에게 두고 열심히 희생하면서 자녀들을 위해서 최선의 것을 해주려고 노력한다. 하지만 아이들은 부모들의 마음을 아는지 모르는지 어떤 때는 남의 아이들 같다는 생각도 든다. 2세 자녀들의 눈에 비쳐지는 1세 부모님들의 모습은 다음과 같다:

1세 부모님들은 자녀들과 포옹을 절대로 하지 않고 매일 한국 드라마를 빼놓지 않고 본다. 사람들이 많은 곳에서 자녀들의 이름을 크게 부른다. 무엇을 가져오라고 많이 시킨다. 다른 인종들, 특히 흑인들에 대해서 경계심을 가지고 있다. 학교 성적을 99점을 맞아도 칭찬하기보다 나머지 1점이 어디 갔냐고 물어본다. 하버드, 예일, 스탠포드와 같은 명문대학을 선호한다. 의대나 법대를 지원하는 것은 거의 필수이다. 배우자를 은근히 정해주려 한다. 가장 많이 묻는 질문이 '숙제 다 했냐?'는 질문이다. 가끔 방을 살펴본다. 다른 집 아이들과 자주 비교를 한다.

그리고 자녀들이 부모들의 마음에 흡족한 자녀가 되기 위한 것들은 다음과 같다:

SAT 시험에서 적어도 2,100점을 맞거나 ACT는 30점 이상을 받는다. 가장 즐겨 하는 취미가 공부하는 것이다. 동부에 있는 아이비리그 대학에 입학하고 장학금은 필수로 받는다. 피아노와 바이올린 같은 악기를 적어도 하나는 반드시 연주할 줄 알아야 한다. 의사와 같은 전문 직업을 가져야 한다. 의사가 될 경우 가능하면 brain surgeon(뇌외과 전문의)이 되면 더욱 좋다. 부모님들의 옛날이야기를 열심히 듣는다. 특별히 운동화도 없이 20리 길을 걸어서 학교를 갔던 얘기나 먹을 것이 별로 없어서 옥수수 한 개로 동생과 나누어 먹었다는 등의 이야기를 열심히 듣는다. 부모의 말씀에는 항상 '예'만 한다. 교회에는 열심히 나가지만 절대로 신학교는 가지 않는다.

불행스럽게도 이런 모습들이 2세들의 눈에 비쳐지는 1세 한국 부모들의 모습이다. 우리 자녀들이 부모님들에게 가지고 있는 인상은 자신들을 위해서 모든 것을 희생하며 열심히 살아가는 모습이 아니다. 오히려 자기들을 이해해 주지 못하고, 공부밖에는 모르고, 항상 자기들을 남들과 비교하고, 자기들에게 최고가 되라고 강요하고, 좋은 대학과 직장과 같은 세상에서의 성공만을 바란다는 것이다. 이런 부정적인 부모의 모습이 우리 자녀들에게 있다. 우리 1세 부모들은 왜 이런 모습을 자녀들에게 보여 주게 되는 것일까?

아무리 부인하려고 해도 한국인의 문화는 유교문화에 뿌리를 내리고 있다. 불교문화도 아니고 기독교적인 문화는 더더욱 아니다. 수직적이고 권위적인 유교문화가 우리 한국인의 마음 깊숙이 자리 잡고 있다. 우리들의 부모 세대들과 지금의 우리 세대들은 어려서부터 항상 내 자신의 내면보다는 남을 의식하는 체면문화 속에서 자라왔다. 어쩌면 그러한 체면문화를 전혀 의식하지도 못한 채 자랐다고도 말할 수 있다. 그러다 보니 우리들의 자녀들에게도 그러한 모습으로 비추어지는 것이다. 어떻게 해서든지 세상에서 출세를 해서 모든 사람들에게 자랑이 되어야 하는 것이다. 입신양명(立身揚名)이라는 말 바로 그대로이다.

바로 이런 문화적인 유산을 우리도 모르게 2세 자녀에게 물려주려고 하는 것이다. 하지만 자녀들은 이런 모습들에서 숨이 막히려고 한다. 이제는 우리들의 자녀들에게 우리들의 새로운 모습을 보여 주어야 할 때이다. 아니 어쩌면 늦었을 수도 있다. 그래도 지금이라도 아이들이 마음껏 숨을 쉴 수 있도록 해주어야 할 것이다. 그들을 이해하고 포용하고 도와주어야 한다. 이제 세상은 공부만 잘하고 자기 자신밖에 모르는 사람을 더 이상 원하지 않는다. 공부는 조금 못하더라도, 유명한 대학은 나오지 않았더라도 인격이 있고 세상을 바르게 바라볼 수 있는 안목이 있는 넉넉한 사람을 원하고 있다. 그러기 위해서 우리 부모들이 이제는 아이들의 숨통을 조르고 있는 손을 그만 놓아야 할 때가 된 것이다.

자녀에게
상처를 입히는 방법

　큰 아이가 Kindergarten(유치원)에 간다고 얼굴이 빨개져서 흥분했던 것이 엊그제 같은데 벌써 대학을 졸업하고 자기가 원했던 일을 하고 있는 모습을 보니 대견스럽기만 하다. 그러면서 아이들이 자라면서 겪었던 여러 가지 일들이 불현듯 머릿속에 스쳐 지나간다. 미국에서 태어났다고는 하지만 집에서 늘 한국말만을 사용해 학교에 가서 영어를 잘 할까 걱정했던 것부터, 고등학교 때 처음 운전을 배우고 엄마 차를 빌려 친구들과 밤에 운전을 하고 다니는 것을 보며 걱정했던 일, 대학진학을 눈앞에 두고 진로를 정하는 일에 온갖 참견을 했던 일들, 그리고 어떤 친구들과 어울려 다니는지 늘 궁금해서 은근 슬쩍 친구에 대해 물어본 일 등.

　자녀들을 키우면서 부모로서 이런 모든 것들이 항상 염려가 되었었다. 큰 녀석은 나를 닮아서인지 따지기를 좋아하는 성격이라

별것 아닌 것을 가지고 서로 티격태격하기 일쑤였고, 또 둘째 딸 아이는 아무래도 감성적인 면이 강하기 때문에 아주 작은 일에도 삐지기가 일쑤였다. 결국 부모라는 큰 기득권(?)을 가진 내가 "아빠 말이 맞아!"라고 소리를 빽 지르고, 결국 아이의 마음을 상하게 하고 끝나는 경우도 많이 있었다. 이제 다 큰 자녀를 보면서

부족한 부모 밑에서 잘 커준 아이들이 고맙기만 하다.

게리 스몰리(Gary Smalley)라는 가정 상담 사역자가 있다. 이 사람은 미국의 청소년들을 대상으로 하여 기독교 관점을 가지고 상담과 연구를 하는 가정 사역자 중 한 사람이다. 이 사람이 쓴 「The Key to Your Child's Heart: Raise Motivated, Obedient, and Loving Children」이란 제목의 책의 내용이 무척이나 눈에 띄었다. (한국어판으로는 "자녀 마음을 여는 열쇠," 게리 스몰리– 홍성사에서 펴냈다.) 이 책에서 저자는 자신이 해 왔던 그동안의 상담 내용들을 정리하면서 그야말로 자녀에게 상처를 입히는 방법(?)들을 자세히 소개하고 있다. 어떻게 하면 자녀의 마음을 아프게 하는지 반어적으로 부모들의 잘못된 양육을 지적한 것이다. 그 내용을 간단히 살펴보면,

1. 자녀와의 약속을 어긴다.
2. 자녀에게 부당하게 야단을 친다.
3. 자녀들 중 한 명이 형제들 사이에서 무시를 당해도 그대로 내버려 둔다.
4. 자녀의 동기(Motivation)를 잘못 이해한다.
5. 자녀에게 말을 함부로 한다.
6. 이미 벌을 받았는데 같은 일로 또 벌을 준다.

7. 자녀의 생각은 들어보려고도 하지 않는다.

8. 부모의 생각이 항상 옳다고 생각한다.

9. 자녀의 약점을 자주 들춰낸다.

10. 자녀들이 도움이 필요할 때 부모는 항상 잔소리만 하려고 하고, 이해하려고 하지 않는다.

11. "사랑해"라는 말은 하지 않으며, 절대로 안아주지 않는다.

12. 자녀와 단둘이 있는 시간을 힘들어 한다.

13. 부모가 인정머리가 없다.

14. 자녀에게 "고맙다"는 말을 절대로 하지 않는다.

15. 자녀와 함께 시간을 보내지 않는다.

16. 자녀가 무슨 일을 하든 전혀 상관하지 않는다.

17. 자녀에게 거친 말을 한다.

18. 부모가 변덕이 심하다.

19. 자녀가 자기 방식대로 일을 하면 이유도 묻지 않은 채 무조건 어떻게 하라고 소리친다.

20. 자녀에게 이유를 설명하지 않고 무조건 "안 돼"라고 한다.

자녀에게 상처를 입히는 방법이 이렇게 많다는 사실에 놀라기보다는 우리들 또한 그 중에서 많은 항목 그대로 행하고 있다는 사실이 더욱 놀라울 뿐이다. 저자는 책에서 자녀에게 상처를 주었을 때 먼저 1) 마음을 누그러뜨리고, 2) 아이들을 이해하며, 3) 부모의 잘못을 인정하고, 4) 자녀를 늘 사랑으로 안아 주고, 5) 자녀에게 자신들의 잘못에 대한 용서를 구하는 다섯 단계를 소개하면서 자녀와의 관계 개선을 충고하고 있다.

우리들은 과연 얼마나 자주, 아니 얼마나 심하게 자녀들의 마음을 상하게 하고 상처를 주고 있을까? 혹시 "나와 우리 아이들과는 아무런 문제가 없어"라고 착각하고 있지는 않는가? 한번쯤은 진지하게 자녀들과의 관계를 되짚어 보고 자녀에게 상처를 주는 부모가 아니라 사랑으로 아름다운 관계를 만들어 가는 그런 부모가 되어야 할 것이다.

조기 교육의 참 의미

　자녀들의 나이가 아무리 어려도 뭔가를 배우고 있어야 마음이 놓이는 부모들이 있다. 학교에 들어가서 글을 배우고 공부를 시작한다는 것이 아무래도 불안하고 늦은 감이 있다고 판단하여 공부든 운동이든, 아니면 악기라도 한 가지는 가능한 한 빨리 시작해야 한다고 서두르는 것이다.

　TV를 통해 타이거 우즈 같은 프로 골퍼가 세살 때 스윙하는 모습을 보면 자신의 아이들도 어려서부터 운동을 시켜야 할 것 같고, 사라 장과 같은 바이올리니스트가 바이올린 활을 야무지게 들고 있는 것을 보면 아무리 어려도 가르칠 것은 가르쳐야 한다고 조급해 하는 것이다. 그래서 적어도 유치원에 들어가기 전에 알파벳을 다 읽고 쓰도록 독촉하는 것은 물론이고 공부 이외에 예능이나 특기를 위해 개인 교습까지도 마다하지 않는다. 이것이 바로 요즘 유행처럼 번지고 있는 조기 교육의 실상이다.

어려서 아이들의 재능을 빨리 발견해 줄수록 그 능력이 개발되어져 나중에 경쟁사회 속에서 살아남을 수 있다고 믿는다. 이미 많은 부모들이 자녀들을 독촉하여 조기 교육을 시키고 있기 때문에 나도 이에 뒤질 수 없다는 마음도 한 몫 하고 있다. 이런 까닭에 세 살 이전의 영아들에게 외국어, 요가, 미술, 컴퓨터 등을 가르치는 고액 학원도 생겨났다. 상황이 이렇다보니 심지어는 좀 더 빨리 시작해서 태교부터 제대로 해 보겠다는 부모도 생겨났다. 엄마 뱃속부터 시작해야 아이들의 인성까지도 아예 만들 수 있고 나중에 고생하지 않고 훌륭한 아이로 양육할 수 있다고 생각하는 것이다.

그럼에도 불구하고 요즘 세태를 살펴보면 부모들의 교육열과는 정반대로 자녀들의 모습은 과거의 부모 세대보다 나아진 것이 아니라 오히려 점점 더 험악해(?)지는 모습으로 변하고 있는 것처럼 보인다. 용돈을 잘 안 준다고 자기 엄마를 야구 방망이로 죽을 때까지 때린 중학생 아이가 있는가 하면, 버스나 전철 안에서 노인이나 몸이 불편한 사람을 보아도 잠이 든 척, 못 본 척 하는 젊은이들이 다반사이다. 또한 공공장소에서 다른 사람들을 신경 쓰지 않고 떠들기가 일쑤이고, 행여 어른들이 조용히 하라고 하면 무서운 눈으로 노려보는 아이들도 있다. 어른 공경은 고

사하고 자기 부모에게도 함부로 말을 한다. 결혼해서 시부모를 모시게 된다면 아예 시집을 가지 않겠다는 젊은 여성들은 부모나 친구는 안중에도 없고 자기가 세상의 중심이 되어 늘 자기밖에 모른다. 물론 잘하고 있는 아이들도 있는 것이 사실이지만 일반적으로 더 버릇이 없어지고 예의를 모르는 아이들로 크는 것 같아 유감이다.

시대가 바뀌어서 자녀 교육에 있어서 전인(全人) 교육을 중요시하고 지능지수뿐만이 아니라 인성지수, 감성지수 등을 따지면서 재능과 인성 모두를 길러 주는 것이 현대 자녀교육이라고 말들은 한다. 그러나 그 결과는 아무리 생각해 보아도 이런 것들을 전혀 모르고 우리들을 길러 주셨던 예전 부모세대보다 훨씬 그 교육 내용이 떨어지는 것 같이 느껴지는 것은 어쩐 일인지 모르겠다.

분명히 부모들의 학력도, 자녀들의 학력이나 실력도 몇 십 년 전에 비해 훨씬 고학력 시대로 가고 있는 것이 사실인데 어떻게 대학도 구경 못한 옛날 어른들이 교육했던 그 시절과 지금의 아이들을 비교해 보면 왜 이렇게 요즘의 아이들은 예의가 없고 버르장머리가 없는지 이해가 가지 않는다. 시집 가서 자식 여럿을 낳고 시부모를 모시고 살면서도 이혼이라는 것은 아예 생각도 하지 않고 살았던 우리 부모세대들의 눈에는 요즘 젊은이들은 기도 안찬다.

현재 이혼율이 50%를 넘어 60%에 육박함에도 불구하고 이혼이 전혀 어렵고 힘든 일로 생각하지 않는다. 그저 성격 차이 때문에 같이 사는 것이 불가능하다고 하면서 결혼한 지 며칠이 안 되도 그냥 쉽게 헤어지는 것이다. 한마디로 여자는 여자대로 집에서 '공주'였고 남자는 남자대로 자기 집에서 '왕자'로 자라왔기 때문에 결혼을 해도 상대방의 입장을 고려한다는 것은 있을 수 없는 일이며 내 마음에 안 들고 그것을 참을 수 없기 때문에 손쉽게 이혼을 결정하는 것이다.

그렇다면 조기 교육의 진정한 의미가 무엇인지를 우리는 다시 한 번 생각해 보고 점검해 보아야 한다. 자녀들의 재능을 가능하면 빨리 발견하여 그 재능을 길러주며, 다른 아이들보다 빨리 공부를 시키고, 외국어 하나를 더 배우게 하며, 피아노나 골프를 남보다 먼저 시작하는 것보다 더욱 중요한 것이 있다.

가정에서 부모로부터 오는 따뜻한 사랑과 관심을 자녀들이 풍족하게 받으며 그 인격과 품성, 그리고 신앙을 배워가는 것이 진정한 조기교육이다. 우리 부모들의 욕심을 채우기 위해서 자녀들을 억지로 대리만족의 도구로 이용해서는 안 된다. 오히려 부모가 자녀들의 신앙의 바른 인도자로서의 모범을 보여야 한다.

자녀들이 어릴 때 부모가 하나님의 말씀대로 살아가는 모습을 보면서 자라면 본 그대로 닮아가고 또 그대로 살아가게 되어 있다. 부모의 모습을 자녀들이 마음속에 채우고 평생 살아간다는 말이다. 그러므로 하나님에 대한 사랑을 가지고 말씀대로 자녀를 양육하는 것을 그야말로 조기 교육의 우선순위로 정해야 할 것이다. 하나님의 자녀들을 혹시라도 내 욕심 때문에 세상의 기준을 가지고 세상 사람들을 만들지 말고 하나님의 자녀답게 주의 사랑과 훈계로 시간을 가지고 기도하며 믿음 안에서 양육하는 부모들이 되어야 할 것이다.

유대인의 종교교육

　한국사람에게 있어서 유대인들의 종교교육은 참으로 유명하다. 특히 자녀교육에 관심이 많은 우리들에게는 그들의 교육방법이 어떤 한 모범적인 표상(?)이 되어서 여러 가지로 연구의 대상이 되기도 한다. 일반적으로 우리들이 알기로는 유대인들의 자녀에 대한 종교교육은 하나님의 말씀에 바탕을 둔 철저한 종교교육이고 이스라엘 민족 중심의 애국적인 교육이라고 알려져 있다.

　실제로 유대인들은 어려서부터 자녀들을 유대교의 환경 속에서, 그들의 커뮤니티 안에서 종교적, 문화적인 바탕 속에서 자녀들을 키우는 것이 사실이다. 어릴 적부터 모든 유대교적인 풍습과 절기 행사를 철저히 지키면서 그들은 자라난다. 유대인들의 많은 절기와 행사 중에서도 특별히 Yom Kippur(욤 키푸어; 속죄일)와 Passover(유월절)를 철저하게 지키며, 유월절이 돌아오면 아무리 아이들이라 할지라도 학교에 가지고 가는 도시락에 matzo(마쪼; 유월절에 먹는 얇은 과자와 같이 생긴 무교병) 만을 싸가지고 간다.

구약 성경에 나오는 대로 누룩 없이 구운 빵을 먹는 것이다. 다른 아이들이 샌드위치나 피자를 먹는 동안에 유대인 아이들은 자기들의 종교 율례에 따라 matzo(마쪼)를 먹는다. 좀 심하게 지키는 가정에서는 유월절 중 며칠은 아예 자녀들을 학교에 보내지도 않을 정도이다.

또한 아이들이 자라서 만 13살이 될 때 유대교의 도덕과 종교적인 의무에 따르게 되는 성인으로 여김을 받는 성인식인 bar mitzvah(바 미쯔바)를 성대히 치른다. (주로 남자아이들이 하고 여자아이들도 bat mitzvah라 하여 하기도 한다.) 아마 우리 자녀들의 학교 친구들로부터 bar mitzvah 초청장을 한두 번은 받아 본 적이 있을 것이다. 이 성인식에서는 히브리식 예배와 함께 성인식을 치루는 아이가 히브리어로 토라를 읽으며 성인으로서의 책임과 의무를 모든 사람들에게 보여 주게 된다. 이를 위해서 아이들은 열심히 히브리어 학교를 다니는 것이다.

그렇다면 이렇게 철저히 종교적인 교육을 중요시하는 유대인들이 정말로 종교적인 것인가? 지금 내가 사는 시카고 지역은 유대인들이 많이 거주하는 지역이다. 그래서 실제로 그들을 직접

내 눈으로 보고, 또 우리 아이들과 함께 같은 학교에 다니는 친구들을 경험해 보았다. 하지만 그들을 보면서 과연 그들이 종교적인지 의심이 갈 때가 많았다. 그들이 종교적인 삶을 산다면 '토라(모세오경)'의 말씀 그대로를 실천하여 하나님을 사랑하고, 하

나님의 사랑에 바탕을 두어 이웃에게도 하나님의 백성답게 친절하고도 관대한 삶을 살아야 하는데 실제로는 그런 것처럼 보이지 않기 때문이다.

그들의 명성과는 달리 하나님의 말씀에 바탕을 둔 종교적이고 도덕적인 교육의 모습이 그들의 생활 가운데서 별로 나타나지 않는다. 예를 들어서, 결혼 전 순결의 문제든지, 같은 신앙을 가진 사람과 결혼을 해야 한다든지, 신앙이 우선되는 삶을 산다거나, 혹은 지극히 세상적인 관점에서도 윤리적으로 세상과의 어떤 차이점을 찾아볼 수가 없었다.

또 그들은 어떻게 경건한 삶을 살아가며 말씀과 기도의 삶을 살아가고, 자신의 신앙을 위해서 어떤 노력이 필요한지에 대해 별로 관심이 없어 보인다. 사실 내 주변에 있는 유대인들의 교육의 초점은 단지 이 세상에서 어떻게 해야 성공할 수 있으며, 얼마나 많은 돈을 버는가에 그 기준이 있는 것처럼 보인다.

물론 유대인들도 정통파 유대인과 개방적인 그룹으로 나눌 수 있을 것이다. 하지만 어떤 그룹이라도 유대교의 중심에 있는 하나님의 말씀과 종교 정신은 크게 다르지 않을 것이다. 나의 이런 짧은 생각이 혹시 틀렸나 해서 주위에 있는 유대인 친구들에게 직접 물어보아도 그들의 대답도 마찬가지이다. 유대 절기가 되면 모든 식구들이 모여서 율례대로 열심히 지키지만 실제로 그

외의 생활 가운데서는 기도생활을 한다든지 경건생활을 별로 하지 않는다는 것이었다. 그들 스스로가 생각해도 유대 절기와 평상시와는 엄청난 차이가 있다고 했다. 그래서 유월절이 끝나기가 무섭게 그동안 먹지 못했던 것을 먹기 위해서 식당으로 달려가거나 끝나는 시간에 맞춰서 미리 피자를 주문해 놓았다가 기다렸다는 듯이 먹는다는 것이다.

우리 크리스천들의 자녀교육의 모습은 믿지 않는 사람들의 눈에 어떻게 비춰질까? 혹시 그들의 눈에 우리 역시 기독교의 전통과 관습이나 지키는 사람들로 보이지는 않을까? 또한 주일에는 교회는 거룩한 모습으로 가는 것처럼 보이지만 일상생활 속에서 전혀 크리스천의 모습을 찾아 볼 수 없다고 말하는 것은 아닐까? 자녀들을 교회에 열심히 데려가지만 참된 신앙인의 모습으로 자녀들을 성장시키기 보다는 좋은 대학에 보내고 좋은 직장에 취직시켜서 이 세상에서의 성공을 위해 신앙을 갖는 것처럼 보이지는 않을까?

유대인들이 자녀교육을 성공적(?)으로 시켜서 세상에서 돈과 명예를 얻는 것을 보면서 그것이 부러워서 우리도 그런 교육에 열을 올린다면 그것은 절대로 성경이 말하는 교육이 아닐 것이다. 무엇이 진정한 교육인지 우리는 다시 한 번 심각하게 생각해 보야야 할 것이다.

공부하는 방법

내가 처음 미국에 와서 유학생으로 공부할 때는 정말 많은 고생을 하였다. 60-70년대 유학을 왔던 선배들과 같은 고생을 했다는 말이 아니다. 우리들의 선배들은 경제적인 이유로 낮에는 공부를 하고 밤에는 식당에서 접시를 닦으면서 학비를 버는 그런 고생을 하였지만 80년대 후반의 나 같은 유학생들은 이곳 미국에서 어떻게 공부하는지 조차 모르고 무조건 유학을 왔기 때문에 고생했던 것이다. 영어 실력도 초창기 선배들에 비하면 말이 아니었다. 그들은 유학시험이라는 것도 치루고 어느 정도 실력이 인정된 인재들이었지만 80년대 유학생들은 그런 시험도 없었고 웬만큼만 공부하면 누구나 나올 수 있었다.

분명히 한국에서 중학교 때부터 그렇게 죽어라 영어공부를 했는데 왜 그렇게 입이 떨어지지 않는지, 그리고 모든 영어문법과 단어가 머릿속에서 뱅뱅 거리기만 하고 입에서 나오질 않는지 정말 죽을 노릇이었다. 또 겨우 용기를 내서 모기만한 소리로 내뱉은 말도 발음이 제대로 되지 않았는지 미국 친구들이 전혀 알아듣지 못하는 기색이었다.

게다가 한국에서 항상 해 온 것이 공부임에도 불구하고 여기서 공부하는 방법은 우리와 전혀 달랐다. 그냥 교수님의 강의를 듣고 노트 필기 정도 했다가 나중에 시험 보기 전에 정리해서 간단 간단하게 시험을 보면 대충 한 과목을 마칠 수 있는 것이 아니었다. 강의와 소그룹 토의, 퀴즈, 그리고 발표 등… 왜 그렇게 해야 하는 것도 많고 수업시간에 해야 할 말이 많은지 유학생으로서는 정말 따라가기 힘든 과정이었다. 항상 그룹 토의 시간에는 다른 사람들 눈치를 보면서 대충 넘어가기가 일쑤이고, 혹시라도 미국 친구들이 질문이라도 하면 나도 너와 같은 생각이라고 슬쩍 둘러치곤 하였다.

게다가 학기 중간에 써야 하는 페이퍼와 학기말 과제물은 숨을 막히게 만들기에 충분하였다. 한국에서 리포트를 쓰는 것은 어떻게 보면 식은 죽 먹기처럼 쉬운 일이었다. 주제만 하나 잘 정해서 그 주제와 관련된 책 몇 권을 도서관에서 뽑아다가 여기서 조금 또 저기서 조금씩 그야말로 짜깁기 식으로 말만 잘 엮어내면 아무리 못해도 B학점 이상은 받을 수 있었기 때문이다. 하지만 여기서 그런 식으로 페이퍼를 써서 냈다가는 표절로 큰 곤욕을 치르게 된다. 물론 책을 참조하여 다른 사람들의 생각과 주장을 인용하지만 그것은 말 그대로 인용에서 그쳐야 한다. 결국은 나의 생각과 주장이 내 페이퍼에 표현되어야 점수다운 점수를 맞을 수 있는 것이다. 물론 시간이 지남에 따라 많은 발전을 가져오게 되었지만 한국과는 다른 공부 방식에 참 힘들었던 기억이 지금도 새롭다.

문제는 우리가 이제까지 공부한 방법에 문제가 있었다는 것이다. 분명히 열심히 공부를 하였고, 아니 새벽부터 밤늦게까지 모든 시간과 정열을 바쳐서 공부한 것에는 틀림이 없는데 그 공부의 알맹이가 별로 신통치 않다는데 문제가 있다. 영어를 그렇게 공부했음에도 제대로 말을 하지 못하고 외국인만 보면 뭔가 잘못이라도 한 사람처럼 슬슬 피하는 모습이 우리 교육의 현 주소이다.

몇 년 전인가 미국의 유명한 미래 학자, 코넬 대학교 객원교수인 앨빈 토플러가 한국을 방문하여 강연을 한 적이 있었다. 그는 「제3의 물결」, 「부의 미래」 등과 같은 책을 써서 세계적으로 유명해진 사람이다. 그가 한국의 교육에 대해서 아주 짧지만 강하고도 의미심장한 충고를 하였다.

그는 한국교육의 변화의 필요성을 역설하면서 한국에 필요한 새로운 교육제도를 강조했다. 교육제도는 기술의 다양성뿐만이 아니라 개개인의 취향과 가치관, 그리고 사회의 가족 구조 등 사회의 여러 부분에 걸친 다양성을 반영해야 한다는 것이다. 다시 말해서 어떤 공장의 기계 앞에서 똑같은 것을 찍어내는 로봇과 같은 그런 근로자를 만들어 내거나, 아니면 사무실에 앉아서 주어진 일을 반복하는 직원을 배출해서는 안되고 모든 면에서 다양성을 추구하며 이를 위해서는 교육에서도 폭넓은 다양성을 가지고 가르쳐야 함을 강조했다.

토플러는 한국교육이 바로 살리면 학생들을 학교에 밤늦게까지 가둬두어서는 안 된다고 말하면서 미국도 교육에 많은 문제점을 가지고 있는 나라이지만 "학생들을 학교에 늦게까지 가두어 놓는 그런 짓은 하지 않는다"고 한국교육을 신랄하게 비평하였다.

지금도 한국의 많은 학생들이 아침저녁으로 보충수업을 받으며 입시 위주의 공부를 하고 있으며 이곳 미국에서까지도 과외 등으로 아이들을 그냥 놔두지 않는다. 하지만 밤 11시, 12시가 아니라 밤을 새워서 공부를 시킨다 하더라도 동기부여가 없고 다양성이 결여된 교육은 그야말로 고역이지 자녀들을 위한 교육이 될 수 없을 것이다.

세상은 더 이상 똑같은 것을 외워서 반복해내는 녹음기와 같은 사람을 원하지 않는다. 혹시라도 부모들이 자녀들에게 밤을 새서 죽어라 공부하는 것이 맞다고 우격다짐을 하지는 않는지 한번 살펴보아야 할 것이다. 우리 세대가 했던 옛날 공부 방식은 그 시대에는 맞았을지 모르지만 그 시대의 방식으로 지금 우리들의 자녀들에게 강요하는 것은 절대로 바람직한 교육방법이 아니기 때문이다.

효과적인 가르침

요즘 한국 사회를 돌아보면 어느 곳에서나 영어에 대한 관심이 폭발적임을 쉽게 찾아볼 수 있다. 웬만한 유치원에서는 당연히(?) 영어를 가르쳐야 하며, 유치원에 가기 전에도 서너 살짜리 아이들을 위한 조기교육 차원에서의 영어 교실이 있다. 아직 한국말도 제대로 하지 못하지만 영어 학습이 빠르면 빠를수록 좋다고 생각하는 부모들의 숫자는 늘어만 가기 때문이다.

초등학교 연령이 되면 방학 때 해외연수 정도는 보내야 마음이 놓이며, 기러기 아빠나 엄마라고 불리는 것도 불사하고 아이들을 영어권의 나라(미국, 캐나다, 호주, 뉴질랜드, 요즘은 필리핀, 인도로도 보낸다고 한다)로 조기 유학시키는 것이 한국 사회의 한 모습으로 이미 자리를 잡아가고 있다. 따라서 여기저기에 유학원이 넘쳐나고 조기 유학 설명회는 늘 만원사례이다.

학생들만이 아니라 대학을 졸업하고 회사에 들어간 사람들도 사정은 마찬가지다. 나이가 서른, 마흔이 넘어서도 이제는 영어를 못하면 그 회사에서 오래 있을 수 없는 실정이 되었다. 누구나가 영어, 영어를 외친다. 교회에서도 영어 성경학교, 영어 예배가 유행처럼 번지고 있다. 그야말로 영어의 광풍이 불어치고 있는 것이다.

그럼에도 불구하고 한국 사람들의 영어 실력은 그렇게 좋은 것 같아 보이지 않는다. 아직도 서울의 시내 한복판에서 외국인이 영어로 길을 물어 오면 금방 얼굴이 빨개져서 우물거리다 도망치듯 사라져 버리는데 이래서 영어 울렁증(?)이라는 병명까지 붙여졌다. 한해 영어를 위해서 한국인이 쏟아 붓는 돈이 약 15조원을 넘는다고 하면서도 아시아 지역 12개국 중에 영어 소통이 가장 힘든 나라로 뽑혔으며, 세계에서 TOEFL 시험에 가장 많이 응시하면서도 영어 실력은 전 세계 147개국 중 93위에 머무르고 있는 실정이다.

형편이 이렇다보니 많은 사람들이 한국의 영어 교육의 문제점을 지적하며 나름대로의 영어학습 이론을 주장한다. 영어 교육의 방법이 일본식이라 틀렸다느니, 학교에서 영어를 가르치는 수업 방식이 비효율적이라느니, 반드시 원어민 교사가 가르쳐야 한다느니, 아니면 아주 어릴 때부터 영어와 함께 살며 배워야 한다는 주장을 한다. 심지어 어릴 때 혀 밑을 잘라주어서 혀를 늘여 주어야 영어의 발음이 제대로 된다는 그야말로 엽기적인 이론을 주장하는 사람까지 나오게 된 것이다.

영어 하나를 배우고 가르치는데도 이렇게 말도 많고 이론도 많고 주장도 많다. 무엇을 가르치고 배운다는 것은 정말 어렵다. 가르치고 배우는데 어떤 효과적인 방법이 있는 것은 아닌지를 먼저

살펴보아야 할 것이다. 결론부터 얘기하면 효과적인 가르침은 배우는 학생들의 필요와 특성에 맞추어 가르쳐야 한다는 것이다.

예를 들자면, 어떤 가르침은 어른들에게는 적절하지만 청소년이나 아이들에게는 적절하지 못할 수도 있다. 그러므로 각 연령층에 맞는 적절한 지침을 세워서 이에 따라서 가르쳐야 효과적인 가르침이 이뤄질 수 있을 것이다.

아이들과 관련된 세계 속에서 아이들을 가르쳐야 할 것이다. 아이들에게 친숙한 단어의 사용과 설명이 필요하다. 실제로 보여 주고, 함께하고, 경험하는 학습이 효과적이다. 어려서부터 어떤 행동 양식을 습관화 할 수 있도록 강조해주면 그런 것들이 반복되어 습관화되고 그 개념과 태도는 마음속에 자리잡아 평생 함께하게 된다.

청소년들은 이제 어린이에서 성장하여 어른으로 가는 단계에 있으므로 성인이 되기 위해 어른처럼 사고하고 행동할 수 있도록 도와주어야 한다. 그들 스스로 문제점을 제기하고, 그것에 대해서 생각해 보고, 그 문제를 해결할 수 있도록 기회를 주어야 한다. 이제는 더 이상 어린이가 아니고 어른들과 같이 성숙한 모습으로 변화할 수 있도록 도전하는 것이 중요하다. 물론 여러 가지 시행착오와 실패를 경험하게 되지만 그 가운데서 스스로 깨닫고 배우게 된다. 또한 부모, 친구, 선생님 등과 같은 주위의 사람들

중에서 역할 모델(role model)이 될 수 있는 사람들을 소개하여 여러 다양한 경험을 할 수 있는 기회를 주는 것도 바람직하다.

배우고 가르친다는 것은 쉬운 일이 아니다. 더구나 부모세대로서 자녀들을 바르게 성장시키고 성숙시킨다는 것은 더더욱 힘든 일이 될 것이다. 하지만 자녀들이 어려서부터 바른 가치관과 신앙을 가지고 자라나도록 만드는 일은 그 누구보다도 부모의 책임임을 잊지 말고 최선을 다해야 한다. 자녀들이 자라는 순간 순간 옆에서 함께 있어주며 그들의 마음속에 옳고 그름을 심어주는 그런 효과적인 가르침은 바로 부모의 몫으로 남게 되기 때문이다.

제 4장 . Test Drive와 무면허 운전

Test Drive와
무면허 운전

　딸아이가 고등학교 다닐 때 봉사활동을 열심히 했었다. 그 중에서도 "Peer Helpers (친구 돕기)"라는 프로그램에 참여했는데 말 그대로 친구들을 돕는 봉사활동이었다. 주위의 친구들이나 후배들이 가지고 있는 여러 가지 어려운 고민 등을 들어주는 일이었다. 선생님이나 부모에게 말하기는 좀 곤란하지만 친구에게는 부담 없이 얘기할 수 있어서 스스로 문제를 해결하도록 유도하는 그런 프로그램이었다. 이 봉사활동에 참여하기 위해서 학기가 시작되기 전에 소정의 교육을 받았는데, 하루는 교육을 마치고 돌아와서 오늘 배운 것 중에 너무 실망스럽고 속상한 일이 있었다고 불평을 하는 것이었다.

　얘기를 들어보니 요즘 청소년들의 성(性) 의식에 대한 내용이었다. 선생님이 학생들에게 한 질문 중, "결혼 전까지 순결을 반드시 지켜야 한다고 생각하는가?"라는 것이 있었다. 그런데 이에 대한 아이들의 대답은 (약 25명에서 30명 정도의 아이들이 있었다고 한다.) 대부분이 이 질문에 강력하게 반대하였고, 몇몇 아이들만이 어느 정도 반대하거나 찬성하였다. 그리고 확실하게 찬성하는 아이는 딸아이를 포함해서 단 두 명밖에 없었다는 것이었다. 더구나 딸아이가 어처구니없었던 것은 친구들이 말하기를, "혼전 성경험을 하지 않고 어떻게 자기에게 맞는 결혼 상대자를 만날 수 있겠냐"고 했다는 것이다. 그러면서 하는 말이 자동차를 사기전에 테스트 드라이브를 꼭 해보아야 하는 것처럼 결혼 전에 성적인 관계를 가져 보는 것이 당연하다고 주장했다는 것이었다. 딸아이는 화가 나서 "아무리 테스트 드라이브도 좋지만 운전면허도 없이 어떻게 운전을 할 수 있냐"고 따졌다는 것이었다.

최근 미국만이 아니라 한국에서도 10대 청소년들의 성(性)과 관련된 범죄 수위가 점차 높아져서 성의식에 대한 문제가 사회적인 이슈로 떠오르고 있는 것이 사실이다. 통계에 따르면 한국인들 가운데 약 절반 가량이 혼전 순결을 반드시 지킬 필요가 없다고 생각한다고 한다. 한 여론조사 전문기관의 조사 결과에 따르면 혼전 순결을 '꼭 지킬 필요가 없다'는 의견이 응답자의 절반을 넘으며, 특히 젊은 층에게서는 혼전 순결의식이 좀 더 낮은 것으로 나타나 20대보다는 30대가 '순결을 지킬 필요가 없다'는

의견이 65.4% 로 가장 높았고 20대(59.1%), 40대(48.0%) 순으로 나타난 것으로 보도하고 있다. 미국의 경우를 보더라도 전국적으로 청소년들이 평균적으로 만 17세(고등학교 3학년) 이전에 성 경험을 하는 것으로 나와 있으며, 여자 아이들의 경우에는 만 14세에 이르면 10명 중 7명이 성 경험을 한다는 통계도 찾아 볼 수 있다. 또한 성적 경험을 한 아이들 중 약 20%가 원치 않는 임신을 하게 된다. 남자 아이들의 경우에도 청소년들의 약 절반 이상이 성 경험을 하며, 2/3 정도는 구강성교를 해본 적이 있다고 대답하고 있다. 더구나 많은 청소년들은 구강성교는 성 경험으로도 치지 않고 있다.

사회의 성에 대한 무분별한 범람은 성인들 뿐 아니라 자라나는 청소년들에게 심각한 영향을 미치고 있다. 미디어와 요즘 기승을 부리는 인터넷상에서의 넘쳐나는 음란물 사이트, 아주 쉽게 생각하는 혼전 성관계와 이로 인한 낙태와 피임은 사회의 심각한 문제로 대두되고 있다. 특히 청소년의 시기에 왜곡된 성에 대한 인식은 이성(異性)에 대하여, 또 태어나지도 않은 생명에 대한 존엄성마저도 무시하는 인명경시 풍조를 낳게 되는 것이다.

성(性)이란 하나님이 인간에게 주신 귀하고 아름다운 것임이 분명하다. 이것은 우리가 쉬쉬하고 피해야 하는 것도 아니고, 혹은 감추어야 할 내용의 것도 아니다. 그럼에도 불구하고 많은 사람들이 성에 대해 말하기를 꺼려 하고 불편해 한다. 특히 많은 한인 가정의 부모들이 성과 관련된 모든 문제에 대해서 자녀들에게 말하기를 거북해 하며 어떻게 해서든지 성에 관련된 이야기를 피하려고 한다. 따라서 하나님이 말씀하시는 성에 대한 올바른 성경적 가치관을 바르게 정립해 주지 못하고 있으며 이에 대한 교육이 절대적으로 부재한 실정이다.

하지만 자녀들의 순결을 위해서는 이 세상의 왜곡된 성에 대한 인식의 변화가 가장 시급하게 요구된다. 우리 아이들의 아름다운 성을 지켜주기 위해 교회와 부모들이 먼저 앞장서서 성에 대한 올바른 인식을 심어주기 위한 다각적인 노력을 기울여야 한다는 말이다.

성에 대한 한국의 보수적이고 패쇄적인 문화 때문에 자녀들에게 바른 성교육을 시행하지 못한다는 것은 너무도 무책임한 일이 될 것이다. 아무리 학교에서 성교육을 실시한다고 하여도 기본적으로 하나님의 말씀에 기초하지 않은 사회적인 필연성에 의해 'Safe Sex(안전한 섹스)'의 차원에서 교육을 시행하는 그런 성교육에 우리들의 아이들을 방치할 수는 없을 것이다.

따라서 당연히 부모와 교회는 이 일에 합심하여 성에 대한 성경의 절대적인 기준을 가르쳐야 한다. 성에 관련된 내용들을 자유스럽고 편한 마음으로 이야기 할 수 있도록 분위기를 조성하여 교회의 교육 담당자들과 부모와 아이들이 함께 모여 성에 대한 강의와 토론, 워크숍 등을 통해서 우리 청소년들이 성에 대한 바른 인식을 가질 수 있도록, 혼전에 아름다운 성을 지킬 수 있도록 해야 한다.

면허도 없이 아무렇게나 운전하다가 큰 사고를 당하지 않도록 사전에 예방하는 것이 절대적으로 필요한 때이다.

크리스천의 데이팅

　세상에 이성과 데이트하는 것만큼 흥분되고 짜릿한 것이 또 있을까? 나도 아내와 대학교에서 만나 데이트를 4년 동안 한 후에 결혼을 하였다. 어떤 사람들은 직장이나 학교에서 데이트 하는 것이 무척 불편하고 어렵다고 하지만 나는 별로 그런 것을 의식하지 않고 그저 열심히(?) 만났다. 정말 그때는 어찌나 설레이고 좋은지, 매일 만나도 또 보고 싶어, 커피 마시자고, 영화 보자고 또 약속을 만들고 늘 함께 있길 원했다.

　하지만 만남의 횟수를 거듭할수록 늘 즐겁기만 하는 것은 아니다. 때로는 무척 혼란스럽고 힘들기도 한다. 별것 아닌 것 가지고 싸우기도 하고, 서로를 이해하지 못해서 며칠 동안 말도 안 하기도 하면서 세상이 다 무너지는 것 같음을 느끼기도 한다.

　어떤 커플들은 정말 별것도 아닌 것으로 헤어지기도 한다. 데이트라는 것은 한편으로는 짜릿하고 황홀한 반면에 다른 한편으로는 캄캄한 어둠 속으로 이끌려가는 그런 먹먹한 느낌을 받기도 한다. 나도 데이트 하면서 어떤 때는 속상하기도 했었고, 그만두고 싶은 때가 한두 번이 아니었음을 기억한다.

이제는 우리들의 자녀들이 커서 이성과 교제하는 나이가 되었다. 이성과 사귀고 있는 자녀를 보면서 한편으로는 대견하면서도 약간의 걱정과 호기심도 생긴다. 슬쩍 데이트에 관해서 조언해 주고 싶기도 하지만 아이들이 어떻게 생각할지, 또 우리 세대와는 생각이 전혀 다른데 괜히 간섭하는 것 같아서 그만 둘 때도 있다.

게다가 우리 자녀들은 우리처럼 한국 사람만의 정서를 가지고 있는 것이 아니라 미국적인 정서와 문화적인 기준을 가지고 있는 아이들이다. 따라서 우리가 경험하지 못한 여기 아이들만의 정서가 있는데 섣불리 이래라 저래라 하기가 좀 어려운 것이다. 그러나 한편으로는 이런 자녀들에게 그저 너희가 알아서 하라고 놔 둘 수도 없고 하여 고민이 되지 않을 수 없다.

그렇다면 우리들의 자녀를 어떻게 도와주어야 할까? 더구나 크리스천으로서의 데이트는 어떻게 하는 것이 좋은 것인지를 조언해 주어야 할 것이다.

첫째로, 자녀들은 데이트를 통해서도 그리스도인으로서 합당하게 행동해야 한다. 에베소서 4장 1-3절에 보면, "그러므로 주 안에서 갇힌 내가 너희를 권하노니 너희가 부르심을 입은 부름에 합당하게 행하여 모든 겸손과 온유로 하고 오래 참음으로 사랑 가운데서 서로 용납하고 평안의 매는 줄로 성령의 하나 되게 하신 것을 힘써 지키라"고 말씀하신다.

크리스천들은 예수 그리스도를 따라가는 자들이고 그 부르심에 합당한 삶을 살아가야 한다. 이 말은 단지 교회생활에서만 국한되는 것이 아니라 이성 간의 데이트에서도 해당이 되는 말이다. 다시 말해서 자신만의 욕심으로 관계를 맺어가는 것이 아니라 서로를 위해서 섬기고, 좋은 친구가 되고, 좋은 성품의 사람이 될 수 있도록 서로를 격려해야 한다는 말이다.

자신만을 앞세울 때 결국 그 교제는 깨지고 말 것이다. 또한 교제의 목적과 동기를 순수하게 하지 않으면 그 결과가 엉뚱한 방향으로 흘러가게 될 것이고 심각한 결과를 초래할 것이다. 이런 원칙을 세우지 않으면, 젊은 나이에 육체적인 유혹에 빠져서 데이트가 잘못된 방향으로 갈 수밖에 없을 것이다.

둘째, 데이트를 통해 상대를 먼저 배려하는 태도를 가져야 한다. 성경은 우리 크리스천들이 모든 일에 겸손과 온유로 하고 오래 참음으로 사랑 가운데서 서로 용납하라고 말씀하신다. 만일 데이트를 한다면서 모든 것을 자기 중심으로만 생각하면 아무것도 되는 것이 없을 것이다. 그러지 않아도 요즘 세대의 자녀들이 자기밖에 모르는 이기주의에 물들어 가고 있다. 이런 아이들끼리 만나서 서로를 배려하지 못하고 자신의 생각과 입장만을 내세운다면 그 관계는 결코 오래 가지 못할 것이다. 그러므로 서로의 다른 점을 이해하고, 용납하고, 상대를 위해서 아주 겸손하고 온유한 태도로 사랑을 키워야 할 것이다.

셋째, 이제 이렇게 시작된 교제는 친밀한 관계로 발전된다. 데이트를 오래 하다보면 서로를 이해하게 되지만 사소한 일로도 서로의 신경을 건드리게 될 때도 있다. 서로의 좋은 점을 발전시키기보다는 아주 작은 일 때문에 마음이 상하고 힘들어지기 일쑤이다. 그러므로 크리스천들의 데이트에 있어서는 서로 용납하면서 보다 좋은 관계를 맺고 발전될 수 있도록 노력해야 한다.

우리들의 자녀들이 이제 데이트를 하는 나이로 성장했다. 이렇게 훌쩍 커버린 우리들의 자녀들에게 부모들은 먼저 자녀들의 이성교제를 존중해 주며 그들의 데이트를 통해서 그 관계의 중심에 먼저 예수 그리스도가 존귀케 되도록 하여 서로를 존중하는 관계로 발전될 수 있도록 기도해 주어야 할 것이다.

Drug Dog

　우리 아이들이 고등학교를 다닐 때, 학교에 Drug Dog(마약견)이 있었다. 처음 그 말을 듣고는 무슨 소리인지 이해를 하지 못했다. 마약을 먹은 개(?)가 있다는 말인지 궁금해서 자세히 물어보았더니 학교에 있는 경찰이 정기적으로, 혹은 불시에 마약검사를 실시하는데 이 경찰을 도와 마약을 찾아내는 것을 전문으로 하는 개를 Drug Dog라고 부른다는 것이었다.

　이 개를 데리고 교실 복도에 있는 라커나 주차장에 세워둔 차를 Drug Dog이 냄새를 맡으면서 하나씩 검사를 하다가 마약이 있는 것으로 추정되는 라커나 차가 있으면 개가 짖어댄다. 그러면 경찰이 사정 없이 문을 열어서 확인하는 것이다. 그래서 마약이 발견되는 경우 그 즉시로 학생은 학교 오피스로 불려가게 되고 나중에 부모 또한 소환되어 처벌을 받게 된다는 것이다.

자녀들은 이렇게 마약에 노출된 환경 속에서 살아가고 있는데 사실 부모들은 이를 잘 인식하지 못하는 경향이 있다. 마약은 TV 나 영화 속에서나 나오는 것으로, 갱과 관련된 그런 것으로만 생

각한다. 또한 시카고 시내나 남쪽지역의 우범지역에서만 마약이 있지 서버브에 거주하는 한인 부모들은 자신들의 자녀들이 마약과는 별 상관없이 안전하다고 믿고 있다.

하지만 요즘의 청소년들은 여러 경로를 통하여 합법적으로든, 혹 불법적으로든 간에 마약을 쉽게 접하고 있는 것이 사실이다. 오히려 서버브에 거주하는 아이들은 생활수준이 높은 관계로 마약을 구입하기가 더욱 쉽다.

지난 2013년 통계를 보면 하이스쿨 12학년의 경우, 마리화나나 해시시(일종의 대마초)를 경험해 본 아이들이 약 37%에 달한다. 엑스터시, 코카인과 같은 더 강력한 마약도 4-7%나 된다. 담배는 22%, 술은 지난 달에 자신이 술에 취한 적이 있다고 답한 12학년 학생이 27%나 된다.

그럼에도 이렇게 아직 어린 청소년들은 자신들이 지금 하고 있는 행동이 어떤 결과를 가져오는지를 잘 모른다. 대부분의 경우 마약을 호기심에서, 혹은 기분이 좋다는 이유로, 스트레스 해소방안으로, 어른이 된 것 같은 기분을 느끼기 위해서, 아니면 또래친구들과 어울리기 위해서 마약을 시작하는 것이다. 더구나 술과 담배를 일찍 시작한 아이들은 마약을 복용하게 되는 위험성이 훨씬 더 높게 나타난다.

청소년들의 마약 복용이 호기심에서 한번 해보는 수준에서 더 심각한 문제로 발전하기 전에 부모들은 이에 대한 경각심을 가져야만 한다. 과연 내 자녀는 마약으로부터 안전한 지를 먼저 잘 살펴보고 자녀들과 마약에 관하여 솔직하고도 진지한 대화를 갖는 것이 바람직하다. 혹시 가족 중에 마약 복용의 경험이 있거나, 그로 인한 어려움을 겪고 있지 않았는지, 아이들이 심한 스트레스나 우울증 증상은 없는지, 너무 낮은 자기 존중감(self-esteem)을 갖고 있지는 않은지, 아니면 아이가 친구들로부터 따돌림을 당하고 있지는 않은지 잘 살펴보고 그런 위험성들이 마약으로 연결되지 않도록 철저한 예방이 필요하다.

그리고 혹시라도 자녀들이 마약을 복용하고 있는 것을 발견하게 된다면 하루속히 전문가의 도움을 받아야 한다. 아이들이 마약을 하게 되면 가장 먼저 신체적인 변화를 보이게 된다. 시도 때도 없이 피곤해 하며 몸이 안 좋다는 불평을 하며, 눈에 생기가 없고 빨개지며 특별히 감기에 걸린 것도 아닌데 잦은 기침을 계속하게 된다.

물론 이런 증상을 보인다고 무조건 마약을 의심하라는 것은 아니지만, 혹시라도 의심이 들면 한번쯤 자녀들과 대화하는 것이 바람직하다. 신체적인 것만이 아니라 정신적으로도 많은 변화를 보이게 되는데 성격이 전과 달라지고, 괜히 짜증을 부리며 과민한 반응을 보이게 된다. 전에는 모든 일에 책임감을 가지고 행동하던 아이가 자기가 해야 할 일들을 종종 잊어버리고 무책임한 행동을 하게 되며, 모든 일에 무력감과 무관심한 태도를 보인다. 또 별일 아닌 것에 힘들어 하며 자신감 없는 태도를 갖게 된다.

뿐만 아니라 식구들이나 친구들과 공연히 말다툼을 하게 되고 매사에 부정적인 자세를 보이게 된다. 학교 성적이 이유 없이 떨어지고 무단 결석을 하고, 항상 뭔가를 감추려드는 모습을 보인다면 더 망설이지 말고 그 원인을 살펴보아야 할 것이다.

청소년의 마약 복용은 어떤 의미로는 부모들에게도 책임이 있음을 부인하기 어렵다. 만일 부모와 자녀와의 관계가 건강하다면 마약과 같은 문제가 사전에 차단되고 예방될 수 있기 때문이다. 자녀들과 대화의 창이 항상 열려 있고, 마약에 대한 위험성을 미리 미리 자녀들에게 말해 준다면, 또 좋은 롤모델이 되어 준다면 얼마든지 자녀들을 마약으로부터 보호할 수 있을 것이다.

그리고 만에 하나라도 자녀들의 마약 복용이 의심된다면 그냥 시간이 해결해 주리라는 막연한 기대로 시간을 허비하지 말고 가능한 한 빨리 도움을 요청해야 한다. 청소년들의 마약 복용의 치료는 중대한 문제이다. 자녀들이 하루 속히 신체적으로나 정신적으로 이전의 건강한 상태를 회복될 수 있도록 모든 도움을 아끼지 말아야 할 것이다.

신학기 준비

　올해 시카고의 여름은 크게 불평할 것이 없어 무난해 보인다. 아직 8월이 다 지나간 것이 아니라서 말하기가 조심(?)스럽지만 이 정도면 여름을 만끽하며 잘 보내고 있다고 해야 할 것이다. 이제 이 여름이 지나고 나면 곧 자녀들의 새로운 학기 준비를 해야 하는 철이 돌아온다. 그래서 요즘 대형 상점에 가면 아이들의 신학기를 위한 "back to school" 코너가 준비되어 있다.

　학교에서 필요한 문구류뿐만 아니라 옷과 신발 등 준비해야 할 것들이 한두 가지가 아니다. 이런 "back to school" 특수를 위해 쇼핑몰과 상점들은 새로운 유행의 상품들을 준비해놓고 아이들을 유혹한다. 이렇게 신학기를 준비하는 것이 아이들에게는 재미있겠지만 아이들을 데리고 쇼핑을 해야 하는 부모 입장에서는 그렇게 재미있지만은 않다. 아이들의 연필, 가위 하나

사는 것도 참으로 어렵다. 무슨 종류가 그리 많은지 구분하기도 어렵고, 또 학교에서 요구하는 메이커로 정확한 사이즈에 맞춰서 사야 한다.

게다가 여자 아이들은 규격에 맞는 것에 그치는 것이 아니라 자신이 원하는 모양과 색깔이 있다. 학교에서 미리 보내 준 구입할 목록을 잘 살펴보면서 빠진 것이 없이 꼼꼼히 챙겨야지 그렇지 않고 그냥 부모 맘대로 샀다가는 결국에는 다시 사야만 한다. 물건 값도 만만치 않다. 연필이나 풀과 같은 것은 비싸지 않지만 계산기 하나만 사려고 해도 큰돈을 지불해야 한다.

학용품만 준비하는 것으로 끝나지 않는다. 이제 학교 시작과 함께 입어야 할 새 옷도 챙겨야 한다. 지난 봄에 산 옷이 아직 깨끗하고 괜찮은 것 같은데 문제는 벌써 작아졌다는 것이다. 바지는 짧아졌고 소매도 잘룩해져서 할 수 없이 새 옷이 필요하다. 양말도 여기저기에 구멍투성이다. 그래서 옷가지 몇 개와 신발도 사야 한다. 요즘 아이들은 왜 그리 발이 빨리 크는지 여자아이들이고 남자아이들이고 몇 개월이 멀다 하고 새 신발을 사야 한다. 이것 저것 사느라고 돌아다니다 보면 하루가 훌쩍 지나가 버리는 경험을 학부모라면 한 번씩은 해 보았으리라 생각된다. 그야말로 이 더위와 함께 아이들이 쑥 커버린 것이다.

어떻게 보면 이 여름에 모든 것이 더위로 늘어지고 지쳐 있는 것 같지만 그 가운데서 풀과 나무, 곡식들이 자라고 성장을 한다. 이런 성장은 반드시 필요한 것이다. 이처럼 우리들의 자녀들도 유년기, 청소년기를 거치며 하루가 다르게 성장하고 있다. 하지만 단순히 육체적인 성장에 그쳐서는 안 될 것이다. 겉만이 아니라 속사람도 같이 성숙해야 한다는 말이다.

세상은 우리가 따라가지 못할 정도의 빠른 속도로 달려가고 있다. 또한 지금의 과학기술이 여기서 그치는 것이 아니라 앞으로도 계속적으로 새롭게 발전될 것이다. 그렇다면 이러한 변화와 혁신적인 성장을 겪으면서 우리들이 이런 것들을 누리는 것에 대한 자부심과 만족함으로 그쳐서는 안 될 것이다. 이 세상은 세상 사람들의 눈으로 보면 그야말로 눈부실 정도로 발전된 세상이 되어가고 있는 것이 사실이지만 신앙인의 눈으로 잘 살펴보면 결코 자랑할만 하다거나 여기에 만족할 만한 세상이 결코 아니다.

지금 우리가 살고 있는 이 시대는 물질 만능주의를 향해 치닫고 있으며, 많은 사람들이 하나님을 부인하며, 심지어는 진리를 교묘한 말로 바꿔서 모든 것의 중심을 자신으로 만들어 버리는 참으로 영적, 도덕적으로 타락한 세상이 되었기 때문이다.

신문과 TV의 뉴스를 굳이 얘기하지 않고도 곳곳에서 온갖 잔인한 전쟁과 범죄, 이기적이고 엽기적인 일들이 범람하고 있음을 알 수 있다. 하루도 조용히 아무 일 없이 지나가는 날이 없을 정도의 복잡하고도 소란스러운 세상 속에서 우리는 살아가고 있는 것이다.

바로 이런 시대에 우리의 자녀들을 신체적으로 건강하게 "성장"시키는 것만이 아니라 영적으로, 도덕적으로 "성숙"한 사람으로 성장시켜야 한다. 시대가 악한 만큼 영적으로 도덕적으로 성숙된 인격을 가진 사람이 절실하게 필요한 세상이 되었다.

성경에 나오는 노아나 모세와 같이 세상과 타협하지 않고 하나님 한 분만을 바라고 하나님의 말씀대로 순종하는 그런 사람으로 우리들의 자녀들을 성숙시켜야 할 것이다. 삶의 아무런 목적 없이 육신만 커가는 껍데기만의 신앙인이 아닌 하나님이 원하시고 기뻐하시는, 그리고 이 시대가 필요로 하는 사람으로 성장시켜야 할 책임을 잊어서는 안 된다.

여름이 지나가는 이 때에 "back to school" 준비만 해 주는 것이 아니라 자녀들을 훌륭한 인격과 신앙의 자녀로 성장시키기 위해서 정말 꼼꼼하고도 철저하게 기도와 말씀으로 준비해야 함을 잊어서는 안 될 것이다.

여름방학과 아르바이트

　내가 중 고등학교를 다니던 시절 여름방학 때는 아르바이트를 했던 기억이 별로 나지를 않는다. 마땅히 청소년들을 고용하는 직장도 없었지만 말이 방학이지 이 기간을 이용해서 보충 학습을 하느라 다시 학교에 가야만 했기 때문이다.

　30도를 웃도는 더운 여름 날씨에 에어컨도 없는 교실에서 책받침으로 부채를 대신해 연신 흔들어 대면서 하기 싫은 수학 문제를 풀고 있었던 기억이 난다. 선생님들도 마지못해 학교에 나와서 우리들이 공부 안 하고 딴짓 하지 못하게 하려고 큼지막한 몽둥이 하나씩을 들고 으름장을 놓던 모습도 생각이 난다. 간혹 가다 선생님들도 우리들의 지친 모습이 안쓰러웠는지 자신의 옛날 연애담이나 추억과 같은 고리타분한 얘기를 해주시면서 잠시 더위를 잊도록 배려해 주시기도 했었다.

잠시지만 공부하기가 죽어라 싫었던 우리들은 그런 얘기를 또 해달라고 선생님들을 어지간히도 졸라댔었다. 지금 생각해 보면 별로 효과가 없었던 보충수업이었던 것 같다. 그렇게 방학까지 희생해 가면서 공부를 했어도 성적은 올라가기는커녕 맨날 제자리걸음을 면치 못했으니 말이다. 그것도 당연할 것이 항상 머릿속에는 어떻게 해서든지 빨리 수업을 마치고 놀러 나갈 궁리가 가득 차 있었기 때문이었다. 아주 짧은 방학이지만 시간을 내어 산이나 강, 아니면 가까운 곳이라도 친구들과 여행을 다녀오는 것이 그 당시의 꿈이라면 꿈이었을 것이다.

요즘 들어서는 한국의 많은 청소년들이 방학 동안에 아르바이트를 한다고 들었다. 대부분의 청소년들이 패스트푸드점이나 음식점 같은 곳에서 처음 아르바이트를 시작하게 되며, 또 이 밖에도 편의점이나 주유소, 전단지를 배포하는 등 특별한 기술이 없어도 할 수 있는 그런 일들을 한다고 한다. 그리고 적지만 이 일을 해서 받은 돈을 모아서 자신들이 그동안 원했던 것들, 최신 휴대폰이나 디지털 카메라 등을 사는 것이다.

18세 이상의 청소년들의 60-70%가 아르바이트를 경험한다고 하니 결코 적은 숫자는 아닌 것 같다. 미국에서도 많은 청소년들이 썸머 잡을 원하고 있다. 하지만 연방 노동청의 조사에 따르면 썸머 잡을 잡거나 고용을 원하는 16~19세 청소년의 수가 그 절반에 못 미쳐 예년에 비해 점점 더 고용율이 낮아지는 것으로 집계되고 있다.

그 이유로 많은 학생들이 썸머 스쿨을 듣는 것과 각 가정의 가구당 소득이 예전보다 높아진 것을 들 수 있으며, 또 직장에서 임금이 낮은 이민자들이나 나이가 많은 노동자들이 계속해서 직장에 남아 있기 때문이라고 설명하고 있다. 미국 청소년들이 선호하는 아주 일반적인 아르바이트로는 수영장이나 해변에서의 라이프가드, 베이비시터, 초등학생 공부 가르치기, 썸머 캠프에서 일하기, 페인트 칠하기 등을 들 수 있다.

한국이나 미국의 청소년들이 여름방학을 이용해 썸머 잡을 갖는 것은 권장할 만한 일이라고 할 수 있다. 물론 요즘처럼 부족한 것이 없는 청소년들에게 시간당 $7-8은 그리 큰돈이 되지 않을지 모르지만 아이들에게 세상과 사회를 경험시킬 필요가 있다.

현대 사회를 살면서 사람들이 직업을 갖는 것은 경제적인 독립과 부족함이 없는 생활을 유지하기 위해서이며, 또 일을 통해서 자신을 발견하게 되고 자기 성취감 같은 것도 맛볼 수 있기 때문이다. 그리고 나아가 자기가 살고 있는 사회와 공동체를 위해 무엇인가 공헌할 수 있기 때문이다.

따라서 우리 청소년들이 한여름 동안에 하는 썸머 잡이라 할지라도 이러한 직업과 사회와 자신에 대한 여러 가지 직접적이고도 간접적인 경험을 할 수 있게 되는 유익함이 있다. 물론 밀린 공부와 학기 중에 하지 못해서 꼭 해야 할 일들이 있을 테고 가족들과의 즐거운 시간을 보내기도 해야겠지만 청소년기에 일하는 것에 대한 의미를 생각하고 훈련해 보는 기회를 놓치지 않는 것이 중요하다.

썸머 잡을 아이들에게 권장하면서 부모들이 주의해야 몇 가지

사항들이 있음을 명심해야 한다. 무엇보다도 우리들의 자녀들이 썸머 잡을 통해서 경제적인 목적만을 추구하지 않도록 가르쳐야 한다. 청소년들은 아직 성장기에 있기 때문에 사고력에 있어서 지극히 단순하고 맹목적일 때가 많이 있다. 그러므로 아이들이 일을 해서 자기의 소유욕을 채우려는 데만 목적을 두지 않도록 잘 일러 주어야 한다. 또 아이들은 아직 일에 대한 확실한 이해가 부족하다. 따라서 아무리 적은 일이고 잠시 하는 일이지만 그 일에 대한 자신의 의무와 책임이 있다는 것을 종종 잊어버릴 때가 있다. 단순히 재미삼아 혹은 용돈을 벌기 위해서만 하는 일이 되지 않도록 부모들의 주의가 요구된다.

그리고 무조건 아이들이 알아서 그냥 부모에게 "이러 저러한 일을 할 테니 허락해 주세요"라고 일방적으로 말하는 것보다 어떤 아르바이트를 구할 것인가를 자녀들과 함께 찾고 함께 이야기하는 시간을 갖는 것이 좋다. 자기가 하고 싶은 일에 대한 문제점과 장점을 함께 생각해 본다면 나중에 후회하지 않는 훌륭한 경험을 하게 될 것이다. 잠시지만 썸머 잡을 통해 세상을 미리 경험해 보는 귀한 기회로 삼아야 할 것이다.

죽갔네

요즘 한국의 TV 채널은 케이블 방송을 포함해서 수를 헤아릴 수 없이 많아졌지만 내가 어릴 적에는 불과 몇 개의 채널밖에 없었다. 그 중에 한 방송국에서 했던 특별히 기억에 남는 드라마가 있다. 70년대 중반에 시청했던 "결혼행진곡"이라는 드라마였다. 이 코믹한 드라마에서 한 탤런트는 바람둥이 노총각으로 나와서 "죽갔네"라는 유행어를 말해 아주 유명해졌다.

이 말이 얼마나 인기가 있었는지 모든 사람들이 걸핏하면 "죽갔네"라는 말을 사용했었다. 중학생이었던 나도 이에 질세라 말 끝마다 "죽갔네"를 외치다가 엄마한테 혼이 났던 기억이 난다. 별로 좋은 말도 아니었는데 뭐가 그리 좋아서 따라했는지 지금 생각하면 알다가도 모르겠다.

그런데 요즘 아이들이 말로만이 아니라 정말로 죽고 싶다는 말이나 행동을 가정과 학교에서 표현해서 많은 사람들에게 충격을 주고 있다. 세계보건기구(WHO)에 따르면 지난 45년간 자살률이 60% 이상 크게 증가하였으며, 15세에서 44세 사이의 자살은 심각한 사회 문제로 자리 잡고 있다고 보고하고 있다. 특히 12세에서 15세 사이의 청소년들의 자살률이 놀랄 정도로 증가하였고 실제로 자살을 생각하고 시도하는 가장 위험한 나이라고 한다.

더구나 미국과 같은 선진국에서는 불안 증세나 우울증과 같은 기분장애에 걸릴 확률이 더 높고, 결국 이러한 기분장애는 곧바로 자살로 연결되는 가장 위험한 요인으로 지적되고 있다. 한국에서도 잘 알려진 가수나 영화배우가 우울증에 시달리다가 결국 자살하는 일이 자주 발생하여 많은 사람들에게 우울증에 대한 심각성을 깨닫게 하고 있다.

우울증이란 한마디로 만사에 의욕을 상실하고 고립감, 허무감, 죄책감, 그리고 결국에는 자살에 대한 충동으로 사로잡히게 되는 일종의 정신질환이라고 말할 수 있다. 이러한 질환은 유명 연예인들만 걸리는 것이 아니라 우리와 같은 보통 사람들도 걸리는 질환이다. 우울증에 빠지게 되면 모든 일을 절망적으로 느끼게 되고 자기 자신이 무가치하다고 느끼며 신체적으로도 무기력감과 같은 증세를 동반하게 된다. 특히 청소년들에게는 우울한 감정만이 아니라 불안감과 같은 지나친 두려움을 보이기도 하는 것이 사실이다.

그렇다면 아직도 어린 청소년들이 왜 이와 같은 우울증에 빠지게 되는 것일까? 물론 우울증은 복합적이고 다양한 원인을 가지고 있어서 그 원인을 한마디로 말할 수 없겠지만 청소년기의 아이들은 환경적으로 많은 스트레스를 받고 있는 것을 간과할 수가 없다. 가정과 학교, 그리고 교회 등에서의 대인관계에서 오는 스트레스도 클 것이고, 또 학업과 진학에 대한 스트레스는 더 말할 것도 없을 것이다. 다 그런 것은 아니겠지만 부모에게 너무 엄격한 교육을 받는다든지, 아니면 모든 일에 자녀의 생각과 의사가 무시되거나 거절당한다든지 하는 것들을 반복적으로 경험하게 된다면 당연히 좌절감에 빠지게 될 것이고 이러한 좌절감이 모든 일에 부정적이고 절망적인 태도로 굳어져서 우울증을 유발하게 되는 것이다.

그러므로 혹시라도 우리들의 자녀들이 이런 우울증을 겪고 있지는 않는지 한번 살펴보고 점검해 보아야 할 필요가 있다. 일반적으로 청소년들의 우울증에 대한 증상이나 징후는 다음과 같은 것이 있다. 아이들이 항상 하던 활동에 대해서 관심 또는 흥미를 상실한다든지, 너무 적게 혹은 너무 많이 잠을 자거나 먹는다든지, 모든 일에 집중력이 떨어진다든지 하는 것들을 생각할 수 있다. 만약 우울증을 심각하게 겪고 있다면 이 시기 동안에는 아이들은 슬픈 감정을 보이며, 자주 눈물을 흘리며, 평소와 다르게 동작이 느려질 수 있다. 또 자신의 외모에 신경을 쓰지 않게 되며, 동작은 느릿느릿해지고, 그 말 속에서 절망감과 좌절을 느낄 수 있다. 그리고 자신에 대한 자학적인 표현을 하는 것을 보게 될 것이다. 예를 들어서 "나는 바보야" 또는 "아무도 나를 사랑하지 않아" 혹은 "나는 나쁜 놈이야"와 같은 말을 자주 하게 된다.

이렇게 우울증에 빠진 청소년들을 도와주기 위해서는 우선 자녀들이 이러한 우울증의 증상이 조금이라도 보인다면 먼저 부모들이 당황하지 말고 침착하게 대처해야 한다. 자녀들이 얼마나 심각한지를 먼저 알아보기 위해서 무엇보다도 먼저 아이들과의 대화를 해야 한다. 이 때는 무섭게 따지고 캐물을 것이 아니라 부모가 자녀들의 아픔과 슬픔을 이해하고 있음을 자녀들에게 보여주는 것이 중요하다. 자녀를 사랑하고 관심을 가지고 도움을 주려는 자세가 중요하지 부모가 놀라서 겁을 먹고 혼란스럽게 구는 것은 절대로 도움이 되지 않는다.

그러므로 이러한 우울증이나 자살 충동과 같은 일들이 일어나기 전에 우리 자녀들의 말을 주의해서 들어주어야 하고 항상 아이들의 입장에서 생각해 보고 이해하려는 노력이 절실하게 필요함을 깨달아야 한다. 아이들에게 학교 성적으로 부담을 주고, 다른 아이들과 비교하며, 부모의 생각만을 자녀에게 고집할 때 아이들은 상실감이나 패배감을 느낄 수밖에 없을 것이고 그야말로 "죽갔네"의 심정이 될 것이다.

따라서 자녀들이 자기가 속한 사회와 가정 속에서 모든 일을 즐기면서 성공적으로 할 수 있도록 늘 격려하고 칭찬해 줌으로써 자존감을 높여 준다면 이러한 우울증과 자살충동과 같은 정신질환을 예방할 수 있을 것이다.

운전 교습과
잔소리

　미국인들의 부부 싸움의 주된 이유는 아내가 운전을 할 때나 골프를 같이 칠 때, 또는 부부 동반 파티에 갔다 와서라고 한다. 운전이나 골프는 남편이 옆에서 잘 가르쳐 준답시고 잔소리를 쉬지 않고 해대서 생기는 것이고, 부부 동반 파티에 다녀와서 싸우는 이유는 남편이 다른 여자들을 너무 쳐다보아서이며, 또 아내들은 다른 여자들의 드레스와 보석에 너무 신경을 써서 결국 집에 와서 이것 때문에 부부싸움을 하게 된다는 것이다.

　어쨌든 세상에서 가장 힘든 일 중에 하나가 아내에게 운전을 가르치는 것임이 분명하다. 부부치고 운전 연습하다가 싸우지 않은 사람들을 보지 못했으니 말이다. 나도 미국에 와서 운전을 가르친다고 몇 번 시도해 보다가 결국 포기(?)하고 친구에게 부탁한 기억이 난다. 분명히 아내는 한국에서 운전학원을 다니고 면허까지 따가지고 왔는데도 말이다.

하지만 청소년 자녀들에게 운전을 가르치는 것이 이것보다 더 힘들 줄은 몰랐었다. 아이들은 아직 어리니까 아버지가 시키는 대로 잘 따라할 줄 알았고, 또 젊으니까 운동신경이 아무래도 곰 (?) 같은 아내보다는 나을 거라고 생각했던 것이다. 아내에게 운전을 가르치다가 잔소리 몇 번 하면 "나 안 해, 내가 뭐 운전도 못 하는 바보인 줄 알아? 당신 아니면 운전 못 배운데? 내가 운전을 안 하면 안했지 당신한테는 절대로 안 배워." 하면서 차문을 꽝 닫고 들어가 버리면 보통 여기서 끝나게 된다.

하지만 열다섯, 열여섯 살 된 아이들을 가르치는 것은 이 정도에서 끝나는 것이 아니었다. 그래도 큰 아들 녀석은 사내아이라 그런지 조금 잔소리를 해도 그냥 그렇게 넘어갔었다. 하지만 딸아이는 내가 잔소리라기보다 운전하는 것이 조금 위험해서 목소리가 조금 커지려고 하면 벌써 얼굴색이 싹 변하고, 잔소리라도 한마디 하게 되면 눈에 눈물이 그렁그렁해서 차마 못 봐줄 지경에 이르게 되는 것이었다. 이미 사태가 이쯤되면 수습하기가 참 곤란해진다. 그냥 못 본 척 하고 딴 소리를 하면서 넘어가도 딸아이 얼굴 표정은 펴질 줄 모른다. 운전을 가르치는 것이 아니라 차 안의 룸미러로 딸아이 눈치를 힐끔거리며 보는 것으로 그날의 운전 연습이 끝나는 것이 보통이다.

게다가 현재 일리노이 주에서는 청소년들이 운전면허를 따기 전에 부모가 자녀 옆에 같이 타고 운전 연습을 50시간 이상 시켜야 한다. 또 그 중에 적어도 10시간은 야간 운전 연습이 포함되어야 한다. 큰 아이 운전 연습시킬 때는 25시간이었던 것이 청소년 운전사고 급증으로 시간이 두 배로 늘어난 것이다. 앞으로는 얼마나 더 시간이 올라갈지 모른다. 운전 연습을 시켜야 하는 부모들의 입장에서는 그야말로 걱정이 태산일 것이다.

자녀들에게 잔소리하는 것은 엄마들만이 아니다. 요즘에는 많은 아버지들도 아이들에게 수도 없는 잔소리를 한다. 아이들이 입은 옷이 마음에 들지 않고, 허구한 날 컴퓨터 앞에만 앉아 있는 모습이 보기 싫고, 또 게임기에 매달려서 아무것도 하지 않는 모습에 저절로 잔소리가 나오게 되는 것이다. 하지만 잔소리를 좋아하는 사람은 이 세상에 아무도 없다. 말 그대로 잔소리라는 것은 세세한 것까지 신경 써서 계속해서 그치지 않고 이야기하는 것을 말한다. 엄밀히 말하면 그렇게 중요하거나 꼭 필요한 말은 아니라는 이야기이다.

하지만 부모 입장에서는 이런 사실을 알면서도 잔소리를 하게 된다. 아이들이 하는 일이 마음에 들지 않고 화가 날 때 부모들은 참지 못하고 잔소리를 하게 된다. 물론 좋은 마음으로 자녀들을 걱정하고 사랑하는 마음으로 시작되지만 결국은 짜증난

목소리로 언성이 높아지게 된다. 그러다보면 아이들도 이에 질세라 한마디 하게 되고 결국 부모들은 인내심을 잃고 고성을 지르게 된다.

어떻게 보면 결과를 뻔히 알면서도 항상 똑같이 반복하게 되는 것이다. 항상 우리들의 자녀들이 너무 어려 보이고 모든 것에 부족하다는 마음이 들면서 저렇게 철딱서니가 없어서 언제 좀 성숙한 모습을 보여 줄 수 있을까 하는 급한 마음이 들다보면 나도 모르게 자꾸 똑같은 말을 하게 되는 것이다.

이처럼 잔소리를 한다는 것은 아이들에게도 문제가 있겠지만 근본적인 원인은 아이들을 바라보는 부모의 마음에 주된 원인이 있다. 지금 아이들이 하는 것이 뭔가 잘 못하는 것 같고 마음에 들지 않아도 성숙하고 있는 과정이라는 것을 인정하면서 나중에 가서는 아이들 스스로 잘 할 수 있게 된다는 긍정적인 마음의 여유와 인내심이 필요하다. 느긋하고 차분한 마음으로 아이들의 변화를 옆에서 지켜봐 줄 때 아이들은 성숙하게 된다. 자녀들의 느려터진 반응을 참지 못하고 잔소리를 계속한다고 해서 달라지는 것은 아무것도 없다. 아니 오히려 역효과만을 가져오게 될 것이다. 잔소리를 쉬지 않고 반복하게 되면 아이들은 부모의 말에 무감각해지고 나중에는 부모의 말 자체를 무시하게 되는 경향으로 이어질 수 있다. 따라서 부모 자식 간의 존경과 사랑은 점점 없어지게 되고 언성만 높아지게 되는 것이다.

　이제 곧 우리의 자녀들이 우리의 곁을 떠나게 될 날이 올 것이다. 아무리 붙잡고 싶어도 붙잡을 수 없게 되는 때가 눈 깜짝할 사이에 오게 된다. 사랑해 주고 힘이 되어주기도 짧은 시간이다. 설령 잔소리가 목 끝까지 올라와서 혀에서 맴돌아도 큰 심호흡을 한번 하고 참아내고 오히려 사랑과 인내로 격려해 주어야 한다. 언젠가는 멋진 운전 솜씨로 부모를 태우고 근사한 곳으로 모실 날이 멀지 않았음을 기대하면서 말이다.

불은
난로 안에 있어야

　이성과의 만남은 서로의 마음과 머릿속의 생각을 사로잡아 모든 것을 빼앗아 갈 정도로 흥미로운 것이라고 표현할 수 있을 것이다. 첫 만남을 시작으로 본격적인 데이트가 시작되면 다음 만남의 기대 때문에 상대방을 만나기도 전에 가슴이 두근거리며 흥분하여 잠도 잘 못 이루게 되는 것이 보통이다. '오늘은 어떤 곳에 갈까? 어떤 옷을 입고 나가야 좋을까? 오늘 저녁은 어떤 근사한 식당에 가서 분위기를 잡을까?' 이런 생각으로 온통 데이트하는 것에 매달리게 된다.

　하지만 교제의 기간이 점점 길어질수록 많은 크리스천들에게 고민거리가 생기게 된다. 다시 말해서 육체적인 접촉을 해도 되는가에 관한 의문일 것이다. 손을 잡는 정도는 괜찮으리라 생각하면서도 키스는 해도 되는지 안 되는 것인지, 크리스천으로서 과연 어느 선까지 지켜야 하는지에 대한 고민이 시작된다.

하나님을 모르는 많은 사람들에게 있어서는 남녀 간의 육체적인 접촉이 그다지 큰 문제가 되지 않는 세상이 되었기 때문에 우리 믿는 사람들에게는 이 문제가 더욱 혼란스럽게 다가온다. 세상 사람들의 기준으로는 혼전 순결과 같은 것은 아예 문제가 되지 않는 것처럼 보인다.

청소년들의 성 경험의 평균 연령이 대략 15세 정도이며, 많은 젊은이들이 결혼과는 상관없이 동거로 시작하는 것이 현재 미국의 현실이다. 미국만이 아니라 한국의 젊은이들 역시 절반 이상이 혼전의 순결을 반드시 지켜야 한다고는 생각하지 않고 있다. 이런 세상의 풍조 속에서 살아가는 우리 크리스천 젊은이들에게 성(性)에 관한 성경적인 분명한 가치관과 기준을 가르쳐야 하는 것이 필요하다.

결론부터 이야기 하자면 이성과의 교제 정도가 어느 수준에 이르렀든지 간에 육체적인 관계는 단호히 피해야 한다는 것이다. 미국의 유명한 가정·청소년 사역자이며 라디오 호스트인 Ron Hutchcraft는 섹스는 불과 같은 것이라고 표현했다. 불이란 것은 난로 속에 있으면 집 안을 따뜻하게 만들어주고 아름다운 분위기를 조성하게 되지만, 만일 그 불이 난로 밖으로 나오게 되면 집을 태워 버리게 된다는 것이다.

그러므로 그는 "불은 난로 안에 있어야 한다 (Keep Your Fire in the Fireplace.)"고 주장한다. 다시 말해 결혼이라는 난로 안에 섹스가 있으면 그 성(性)은 아름다운 것이 되지만, 결혼 밖에서는 모든 것을 태워버리거나 아니면 큰 화상을 입게 된다는 것이다. 이보다 더 정확한 표현은 없을 것 같다.

남자는 여자에게 사랑한다고 말하면서도 그 심중에는 여성의 육체에 대한 욕구가 생리적으로 반드시 있다는 것을 여자들은 명심해야 하며, 남자들 또한 자신을 속이는 어리석은 행동을 삼가야 할 것이다. 그러므로 데이트 할 때 어디까지 접촉할 수 있느냐고 질문한다는 것이 얼마나 어리석은 것인지를 깨달아야 한다. 그 어떤 사람도 육체적인 유혹과 욕망으로부터 자유스러울 수 없다. 내가 불에 얼마나 가까이 갈 수 있느냐고 묻지 말고, 오히려 내가 불로부터 얼마나 멀리 떨어질 수 있느냐를 묻는 것이 현명한 질문이 된다.

또한 육체적인 접촉은 아무리 작은 것이라 하더라도 자연스럽게 조금씩 발전하게 되어 있으며, 결국에 가서는 성관계로 진행될 수 있다는 점을 잊어서는 안 된다.

그렇다면 우리 크리스천들이 이성과 교제를 하던 중에 육체적인 관계를 맺게 된다면 어떤 결과가 일어나게 되는가? 이는 불을 보듯 뻔한 이야기가 될 것이다. 가장 먼저 그 마음의 평화가 깨어지게 될 것이며, 그 다음으로는 당연히 하나님과의 교제가 조금씩 멀어지게 된다. 더구나 교제를 하는 당사자들의 관계는 조만간에 허물어져서 두 사람 사이의 대화가 서서히 사라지게 되어 상대에 대한 존경심이 없어지게 되고, 결국에 가서는 서로 간의 영적인 교제를 상실하게 될지도 모른다.

따라서 하나님의 말씀대로 살기를 원하는 참된 크리스천들이라면 반드시 이성과의 교제 중에 육체적인 관계를 피해야 한다. 아무리 교제하는 이성과의 사랑이 깊어진다고 해도 그 사랑에 눈이 멀어 우리 육신의 소욕을 따라 함부로 행동해서는 안 된다. 그러므로 이러한 성적인, 육체적인 유혹을 피하기 위해서는 육체를 따라 행하지 말고 성령을 따라 행하라는 말씀을 기억해야 한다. 성령을 따라 생활한다는 것은 늘 말씀을 마음에 둔다는 말이다. 말씀에 기초한 기준을 세우고 그 기준대로 행동하는 것이 바람직하다.

그럼에도 불구하고 상대방이 육체적인 접촉이나 성적인 유혹을 해 온다면 이것은 사랑의 표현이 아니라 육신적인 욕구에서 온 것이라는 것을 깨닫고 과감히 거부해야 한다. 따라서 혹시라도 생길 수 있는 유혹 받을 상황을 아예 만들지 말고 일찌감치 피하는 것이 좋다.

하나님께서는 성(性)을 우리에게 선물로 주셨고, 또 한 남자와 한 여자의 평생을 통한 아름다운 헌신의 관계 속에서 맺기를 바라시고 계신다. 따라서 이런 아름다운 성을 위하여 우리의 마음과 육체를 순결하게 지킬 수 있도록 성령을 따라 행하며 항상 기도하며 주의하는 분별력 있는 크리스천이 되어야 할 것이다.

제 5장. 엄부자친

엄부 자친
(嚴父 慈親)

　아마 내가 초등학교 1학년, 아니면 2학년 때쯤의 한창 더운 여름방학 중이라고 기억한다. 아버지께서 회사로 출근하시면서 빳빳한 종이돈으로 20원을 주셨다. 동생들과 같이 군것질하라고 주신 것이었다. 그 때는 20원이면 꽤 큰 돈이었다. 나는 깨끗한 새 돈을 주머니에 넣으려다 구기기가 싫어서 책갈피 속에 조심스럽게 넣어 놓았다. 그리고는 친구들과 밖에서 하루 종일 돌아다니며 노느라고 20원에 대해 새카맣게 잊어버리고 있었다.

　그런데 문제는 저녁 때 아버지가 돌아오셔서 동생들에게 오늘 뭐 사먹었느냐고 물으신 것이었다. 동생들은 영문도 모르고 아무것도 사먹은 것이 없다고 하였고, 아버지는 나에게 어떻게 된 것이냐고 물으셨다. 갑자기 돈 20원을 어떻게 했는지 그야말로 머릿속이 하얘져서 생각이 나질 않았다. 암만 생각해도 돈을 어디에 두었는지 기억이 나질 않았다. 아버지는 혹시 나 혼자 그 돈을 다 쓴 것이 아니냐고 물으셨고 나는 생각이 나질 않아 그저 우물쭈물하고 있을 수밖에 없었다. 아무리 주머니를 뒤져보아도 나오질 않았다. 처음엔 돈을 잃어버렸다고 했지만 대답을 못하고 쩔쩔매는 내 모습이 아무래도 수상하게 느끼셨던지 자꾸 캐물으셨다.

지금 생각해 보면, 아마도 내가 혼자 돈을 다 쓰고 혼날까봐 거짓말을 한다고 생각하신 것 같았다. 돈 20원이 문제가 아니라 자식이 거짓말을 한다고 생각하신 아버지께서는 그날 나에게 불같이 화를 내시면서 세상에 거짓말하는 사람은 아무짝에도 쓸모없다고 하셨다. 급기야 나는 그날 저녁에 몽둥이로 두 엉덩이가 파래지다 못해 새까매질 때까지 맞았다. 어찌나 억울하고 서러웠던지 밤에 이불을 뒤집어쓰고 엉엉 울면서 잤던 기억이 난다. 물론 그 다음날 책 속에서 20원을 찾았고 모든 오해가 풀렸지만 말이다.

내가 어렸을 때 아버지라는 존재는 언제나 무서운 분으로 존재하고 있었다. 물론 내가 잘못하거나 나쁜 짓을 했을 때 야단을 맞았지만 그렇게 많이 야단을 치시거나 혼내시지는 않았다. 그럼에도 불구하고 어떤 의미에서 아버지는 함부로 다가가지도 못하는 그런 존재였다. 다른 집의 아버지에 비해서 상당히 가정적이고 자상한 분이셨지만 그 당시의 한국의 전형적인 아버지 모습을 벗어나지는 못했던 것 같다. 한 집안의 어른이고 모든 큰일을 책임지시는 그야말로 커다란 아버지의 모습으로만 다가왔었다.

아버지란 그 자체로 권위가 느껴지는 그런 분위기 속에서 살아서인지 요즘 아이들처럼 아버지와 이런 저런 얘기를 한다는 것은 상상하지도 못했었다. 따라서 내가 하고 싶은 말들이나 필요한 것들이 있으면 항상 엄마와만 이야기했던 것으로 기억한다.

옛 조상들의 교육관을 엿볼 수 있는 '엄부 자친(嚴父慈親)' 이라는 말이 있다. 말 그대로 아버지는 엄격하게 자녀를 다스려야 하고, 어머니는 자애롭게 자녀를 감싸라는 의미일 것이다. 많은 한국의 가정에서 흔히 볼 수 있는 모습이었다. 그러나 세월이 흘러가며 이런 엄부의 모습은 점점 사라지고 자친 (혹은 자부도 배제하지 못한다)의 모습만이 넘쳐흐른다.

상황이 이렇다보니 자녀를 가르치고 잘못되었을 때 바로 잡아주는 엄부가 없어서 자녀를 나약하고 자기밖에 모르는 아이들로 기르는 세태가 되어 버렸다. 아버지의 역할이 점점 힘을 잃어가는 시대가 되고 급변하는 사회와 가정에 아버지의 올바른 역할을 찾지 못하고 모든 것을 어머니에게 맡겨버리는 초라한 아버지의 모습으로 전락하게 된 것이다.

그렇다고 해서 무조건 권위주의적이고 무서운 아버지의 모습으로, 엄부의 모습으로 돌아가자는 이야기가 절대 아니다. 자녀들은 아버지를 통해서 하나님 아버지를 경험하고 배우게 된다. 하나님의 지극한 사랑을, 끝도 없는 관용을, 성실하심과 믿음을, 또한 우리의 잘못을 탓하지 않으시고 용서해 주심을, 육신의 아버지의 모습을 통해서 자녀들은 배우게 되는 것이다.

그러므로 하나님께서 우리 아버지들에게 주신 이러한 거룩한 책임과 의무를 더 이상 소홀히 해서는 안 될 것이다.

하나님은 우리에게 가정을 만들어 주셨고 그 가정을 통하여 하나님의 나라와 교회가 바로 세워지기를 원하고 계신다. 사랑과 정의가 점점 사라져가는 현대 사회 속에서 하나님의 나라를 바로 세우기 위해서 가장 먼저 가정이 건강한 모습으로 회복되어야 할 것이다.

세상의 풍조를 그대로 따라갈 것이 아니라 하나님의 말씀이라는 원칙 속에서 가정을 회복시켜야 한다. 그 가정의 중심 역할을 하는 사람이 바로 아버지인 것이다. 하나님께서는 아버지들이 영적으로 바로 일어서서 가정을 하나님이 원하시는 방향으로 인도해 나가기를 원하고 계신다. 이를 아버지들은 한순간도 잊어서는 안 될 것이다.

라면 먹을래?

　오래 전에 어떤 교회의 중고등부 한 학생과 이야기를 한 적이 있었다. 그 아이와 이런 저런 얘기를 하다가 그 아이의 아버지에 관해서 얘기하게 되었다. 아버지에 대해서 어떻게 생각하느냐고 묻자 뜻밖의 대답을 하였다. 자기 아버지를, "He is stupid (아버지는 멍청해요.)" 라고 말하는 것이 아니겠는가. 너무 놀라서 무슨 소리냐고 다시 묻지 않을 수 없었다. 그랬더니 다시 한 번 또랑또랑한 목소리로 "He is stupid"라고 말하는 것이었다.

　어이가 없어서 그 이유를 물었더니, 자기 아버지는 매일 바빠서 자기와는 얼굴 보기도 힘들고, 거의 말도 안 하고 산다는 것이었다. 그런데 어쩌다 학교에 갔다 오면 아버지가 가게에서 일하시다가 집에 와 계실 때가 있는데 그 때마다 항상 라면을 끓여 먹는다고 했다. 그리고는 꼭 자기에게 하는 말이 "라면 먹을래?"라고 묻는다는 것이었다. 그래서 자기 생각에는 아버지가 아주 멍청(stupid) 하고 바보처럼 보인다는 것이었다.

잠시 할 말을 잃었다. 아버지 입장에서는 늘 일에 매달려 살다보니 점심도 제 때에 챙겨 먹지 못해서 잠시 짬을 내서 집에서 와서 라면을 먹는 것이었을 터이고, 자기 아이를 보니 같이 먹지 않겠냐고 그래도 한마디 한 것인데 아이의 눈에는 그 아버지가 바보처럼 보였던 것이다.

이 이야기는 자녀들과 평소에 "대화"를 하지 않는 부모의 극단적인 경우에 해당될 것이다. 하지만 한인 사회의 많은 부모들이 자녀들과 대화 없이 단절된 모습으로 지내고 있는 것이 사실이다. 모든 교육을 학교와 교회에 맡기고 잘 해주려니 하고 막연하게 생각하면서 바쁘다 보니까 그럴 수밖에 없다고 말들 한다. 그렇지만 분명한 것은 자녀들과 대화가 없는 부모는 결코 좋은 부모로서 역할을 제대로 할 수 없을 것이다.

이민 사회 속에서 이른 아침부터 저녁까지 일하다 보면, 대화는커녕 꼼짝하기도 싫기 마련이다. 그렇지만 우리들의 자녀들은 그냥 학교에만 맡겨놔서는 부모가 원하는 대로 바른 모습으로 자라기 힘들다. 물론 학교에서, 교회에서 많은 지식과 신앙 등 좋은 것들을 배우고 경험하지만 그들에게 가장 중요한 것은 가정이고 부모임에 틀림없다. 부모로부터 받는 사랑과 알게 모르게 전달되는 부모의 직,간접적인 영향력 속에서 아이들은 자라간다.

　이민사회 속에서 부모들이 가장 흔히 하는 말은 "자녀들의 교육 때문에 미국에 이민 왔다"라는 것이다. 하지만 정말 그런지 궁금하다. 정작 우리들의 자녀들을 위해서 하는 일이라고는 열심히 돈을 버는 것 외에 별반 관심이 없다. 돈을 많이 벌어서 자녀들의 교육을 위해 뒷바라지 정도만 해 주면 나머지는 학교와 교회, 사회에서 다 알아서 해 주는 것으로 생각한다. 하지만 자녀교육은 항상 자녀와의 바른 관계, 즉 대화의 통로를 활짝 열어 놓는데서 시작한다. 서로의 대화가 있어야 자녀들이 무슨 생각을 하고 어떤 모습으로 살아가고 있는지를 이해하게 되는 것이다.

　많은 부모들은 나름대로 자녀들과 대화를 하고 있다고 생각한다. 그러나 "라면 먹을래?" 수준의 이야기는 대화가 아니다. "밥 먹었니? 어디 가니? 언제 오니? 누구 만나니?" 이런 것들은 그저 특별한 의미없는 말에 그치고 만다. 또한 자녀들에게 끊임없이 뭔가를 가르치려고 하는 것을 부모는 "대화"로 이해하지만 자녀들에게는 "잔소리"로 밖에 들리지 않아 별 의미가 없다.

　물론 부모로서 자녀들을 바로 양육해야 하는 마음에서 잔소리 아닌 잔소리를 하겠지만 아이들과 서로 서로의 자기의 생각과 느낌을 나누는 것이 아닌 일방적인 명령과 훈계는 결코 "대화"가 될 수 없다. 그것은 오히려 부모와 자녀 사이의 대화의 통

로를 아예 막아버리는 것과 마찬가지의 결과를 가져온다. 자녀들과 대화하는 목적은 다른 데 있는 것이 아니다. 서로를 더욱 잘 이해하고 알기 위함이다. 대화를 함으로써 자녀를 내 생각대로, 내가 원하는 대로 바꾸려는 것이 아니라, 좀 더 그들의 마음을 알아주고 그 아이들의 편에서 생각하기 위한 것임을 부모들은 깨달아야 할 것이다.

American Idol
(아메리칸 아이돌)

　Fox TV에서 지난 수년 동안 폭발적인 인기를 누리며 방영하는 프로그램이 있다. 바로 "American Idol"이라는 프로그램이다. 요즘 이와 비슷한 프로가 많이 생겼지만 아직도 가장 인기 있는 쇼임에는 틀림이 없다. 한국으로 치면 '전국 노래 자랑'과도 같지만 그 규모나 열기로 보면 비교가 안 될 정도로 타의 추종을 불허하는 인기 높은 프로이다. 심사위원이 있어서 심사를 하지만 결국에 가서는 시청자가 직접 최고의 팝스타를 탄생시키는 그야말로 미국의 우상을 가려내는 꿈의 무대이다.

　최고의 가수가 되려는 꿈을 가진 평범한 삶을 살아가는 도전자들이 미국 전역에서 구름 떼처럼 모인다. 어떻게 저렇게 많은 사람들이 모일 수 있는지 눈을 의심할 정도이다. 스타디움을 가득 메울 정도로 많은 사람들이 비가 와도 날씨가 험해도 아랑곳

하지 않고 모여든다.

이곳에서 대충 간단한 심사를 받고 통과가 되면 세 명의 쟁쟁한 심사위원 앞에서 자신의 노래 실력을 한껏 뽐낸다. 하지만 본선에 진출하는 사람은 그리 많지 않다. 일단 본선에 올라가게 되면 모든 참가자들은 마지막 최종전에 뽑히기 위해서 눈물 나는 (?) 경쟁을 치루게 되고, 최종 경쟁자 12명이 된 다음에는 한 라운드, 한 라운드 노래 실력을 겨룬다. 그러면 전국에서 이 방송을 시청하는 사람들이 전화를 통해 투표를 하여 가장 적은 득표 수를 얻은 사람이 먼저 떨어지게 되고, 끝까지 남는 사람이 최후의 승자가 된다. 이렇게 마지막까지 생존을 하여 우승을 하게 되면 정식 가수로 데뷔 할 수 있도록 앨범 제작의 기회가 주어지고 유명 스타로 발돋움하게 된다.

그런데 이 프로그램의 매력은 노래 잘 부르는 사람들을 보는 것에만 있지 않다. 물론 노래 실력이 훌륭한 사람을 뽑는 쇼이지만 그들만 스타가 되는 것이 아니다. 노래와는 담을 쌓은 음치들도 상당수 나온다. 그리고 이상야릇한 의상과 분장, 거기에 독특한 몸짓으로 노래를 부르며 사람들의 눈길을 끈다. 심사결과는 당연히 "NO"이다. 하지만 대부분의 경우, 그 심사결과에 쉽게 승복하지 못한다. 많은 사람들이 떨어지고 나면 눈물을 흘리면서 자신이 왜 떨어졌는지 모르겠다는 표정을 짓는다. 심사위원들의 수준이 떨어진다느니, 자신의 참 실력을 알아주지 않는다느니, 오늘 감기로 컨디션이 좋지 않았다느니, 자기 동네에서는 자기가 가장 노래를 잘 부른다느니, 변명도 가지각색이다. 심지어 심사위원을 향해 입에 담지 못할 여러 욕설을 퍼붓거나 위협하는 사람들도 있다. 또 떨어진 사람들 중에 많은 사람들이 거기서 포기를 하지 않고 다음 해에 다시 도전을 한다. 두세 번 정도 도전하는 사람들도 있지만, 어떤 사람들은 다섯 번, 여섯 번, 될 때까지 도전을 하겠다는 것이다. 그 결과는 묻지 않아도 뻔하다.

이 프로그램을 보면 많은 생각을 하게 된다. 사람들이 자기 자신을 제대로 안다는 게 참으로 힘들다는 사실이다. 누가 보더라도 그런 노래 실력으로는 본선 진출은커녕 창피당하기 십상이라고 생각되는데도 자신은 정말 노래를 잘 부른다고 생각한다. 그냥 우기는 것이 아니다. 처음에는 방송이나 한번 타보려고 괜히 그러는 줄 알았는데 눈물을 줄줄 흘리며 억울해 하는 모습을 보면 자신이 노래를 정말로 잘 부르는데 심사위원 탓에 떨어졌다고 생각하는 것이다. 그러길래 해마다 계속해서 나오고, 또 나오는 것이 아니겠는가?

나를 안다는 것, 내 자신의 모습과 나의 재능을 잘 파악한다는 것은 이 세상을 살아가는데 참으로 중요한 일일 것이다. 만일 나는 이러이러한 재능이 있다고 생각하는데 다른 사람들의 눈에는 그러한 재능이 전혀 보이지 않는다면 어떻게 되겠는가? 반대로 많은 재능을 가지고도 자신이 어떤 은사를 가지고 있는지를 깨닫지 못한다면 그것 또한 어리석은 일이 될 것이다.

세상의 모든 부모들이 자신의 자녀들이 잘 되기를 바란다. 그래서 열심히 뒷바라지를 하고, 최고의 교육을 시키려고 노력하는 것이다. 하지만 여기서 그치지 않고 한 가지 명심해야 할 것은 우리들의 자녀들이 어려서부터 어떤 재능과 은사를 가지고 있는지를 빨리 찾아 주어야 한다는 점이다. 부모들이 사랑과 관심어린 눈으로 잘 관찰하면서 기도할 때 자녀들의 장점은 금방 발견될 것이다.

하나님께서 모든 자녀들에게 주신 재능과 은사가 분명히 있다. 그러므로 이를 잘 발견하여 하나님과 이웃을 위하여 잘 사용할 수 있도록 인도해 주고, 격려해 주어서 그 재능과 은사가 잘 계발되도록 해야 한다. 아이들은 아직 성숙되지 못하고, 또 세상에 대한 경험이 부모만큼 많지 않다. 따라서 자신의 미래에 대해 갈팡질팡할 수도 있다. 어느 누구보다도 부모가 그 자녀의 재능에 대해 잘 알고 있을 것이다. 물론 자녀들에게 있지도 않은 재능을 기대하며 억지로 이끌어가서도 안 될 것이다. 하지만 어려서부터 자녀에게 주어진 재능을 유심히 관찰하여 바른 방향으로 인도해 준다면 이 다음에 아이들이 엉뚱한 곳에 가서 눈물을 흘리면서 남의 탓을 하지 않게 될 것이다.

아동학대 예방을 위해 교회가 나서야

집사람과 내가 좋아하는 TV 드라마는 NBC에서 방영하는 Law and Order: Special Victims Unit이라는 프로그램이다. 어쩌다 이 드라마를 보기 시작했는데 이제는 다른 일을 하고 있다가도 이 시간이 되면 얼른 TV 앞에 앉아서 열심히 시청한다. 이 드라마는 원래 Law & Order라는 유명한 범죄 수사물에서 갈라져 나왔다. 뉴욕 경찰국에서 성범죄와 아동 학대를 다루는 한 부서의 이야기로 진행이 되는데 상상을 초월한 범죄 내용, 격정적인 진행, 그리고 과학 수사를 바탕으로 한 치밀한 구성과 함께 아이들과 관련된 소재들이 많아서 아주 긴박감을 가지고 보게 된다.

하지만 그 범죄 내용이 아동과 관련된 성범죄 등을 다루다 보니 우리들의 상식을 넘어서는 엽기적인 내용이 많아서 어떤 때는 범죄의 수법이나 줄거리가 좀 과장되지 않았나 하는 느낌을 받기도 한다. 예를 들어 아이를 집 밖의 창고에 커다란 우리를 만들어 놓고 그 안에 가두어 놓고 학대를 일삼는다든지, 갓 태어난 아이를 죽여 아이스박스에 담아 강에 떠내려 보내게 한다든지 하는 이런 이야기들은 너무나 자극적이다.

하지만 그 드라마에 나오는 많은 에피소드가 그냥 만들어낸 것이 아니라 실제로 우리 주위에서 일어났던 일들을 바탕으로 하고 있음을 알게 되었다. 많은 사회복지기관이나 아동 관련 사회단체가 경험한 내용을 토대로 약간의 각색을 거치지만 거짓이 아닌 우리에게 현실적으로 일어나고 있는 일들이라는 것이다.

드라마 상에서만이 아니라 실제로 많은 아이들이 어른들에 의해서 여러 가지 방법으로 학대 내지는 방치를 당하고 있다. US Department of Health & Human Service의 통계에 따르면 아동학대의 가장 보편적인 형태로 아동방임이나 방치가 62.8%, 폭력 등의 신체적인 학대가 16.6%, 성적인 학대가 9.3%, 그리고 아동의 정서학대가 7.1%로 보고된다. 매 10초마다 아동학대가 보고되며, 적어도 4명의 아동이 학대로 인해 매일 죽임을 당하며, 어려서 학대를 당한 아동의 30%가 나중에 커서 자신의 자녀를 학대한다고 한다.

또한 성적인 학대를 살펴보면, 매년 약 20만 명 이상의 새로운 아이들이 부모나 친지를 통해 성적인 학대를 당한다. 다시 말해 18세가 되기 이전의 아동 7명 중 1명이 성적인 학대나 희롱을 경험한다는 것이다.

이러한 아동학대는 중간에 멈추게 한다 하더라도 심각한 후유증을 남기게 되는 것이 대부분이다. 이미 상처받은 정신과 육체를 치료하기 위해서 많은 인내와 시간을 요하며, 앞으로 생겨날 수 있는 많은 부정적인 결과를 낳지 않도록 세심한 주의와 노력이 절실히 필요하다. 그러므로 아동학대에 대한 관심과 신중한 주의가 따라 주어야 할 것이다. 이제 아동학대는 더 이상의 남의 이야기가 아님을 명심하여 전문적인 조사와 연구가 필요하고 이를 예방하고 치료할 수 있는 다양한 프로그램의 개발과 운영을 해야 한다.

이를 위해 먼저 교회 차원에서 적극적으로 나서며 지도해야 할 것이다. 더욱이 문화가 다른 이민 사회 속에서 자녀를 양육하는 부모들을 위한 교육과 예방의 사역이 무엇보다 시급한 실정이다. 이민교회 안에서도 아동에 대한 성적인 문제들이 증가하고 있는 추세이다. 그저 말이 잘 안 통하고 미국문화에 대해서 잘 모른다고 그냥 넘어가거나 나와 관계없는 일이라고 쉬쉬 하고 지나갈 일이 아니다. 부모들과 함께 일선에서 교육을 맡고 계신 교육부 담당 지도자들, 유초등부 전도사님, 청년 목사님, 교육 목사님 등이 하나로 연결되어서 이에 대한 실제적이고도 구체적인 논의와 교육이 실시되어야 하며 아동 학대의 예방 차원의 현실적인 프로그램 등을 기획해야 한다.

이런 프로그램에서 일반 부모와 성도들의 인식을 높일 수 있는 교육과 홍보를 강조해야 하며, 자녀들의 바른 양육을 위한 부모 및 자녀 상담도 포함되어야 한다.

어른뿐만이 아니라 모든 어린 아이들도 하나님의 자녀이며 하나님의 형상임을 기억하여야 한다. 따라서 아이들이라고 차별을 하거나, 혹은 아이들 부모의 사회적 신분, 재산, 장애 유무 등에 따른 어떠한 종류의 차별이 있어서도 안 된다. 어린 아이들과 청소년들이 어른과 마찬가지로 존중 받는 인격체로서 대접받을 수 있는 그런 교회의 환경이 될 때, 가정과 사회에서도 이들이 바른 역할을 수행하며 성장하게 될 것이다.

6백만 불의 사나이

　초등학교 시절 정말 재미있게 보았던 텔레비전 프로가 몇 가지 있었다. 6백만 불의 사나이, 소머즈, 원더우먼과 같은 초능력자가 나오는 외화 시리즈가 바로 그런 것들이었다. 특히, 6백만 불의 사나이가 짜릿한 효과음을 내면서 높은 담을 뛰어 넘어 악당을 쳐부수는 장면을 생각하면 지금도 손에 땀을 쥐게 하는 느낌을 갖게 한다. "뚜뚜뚜뚜…" 하면서 수백 미터 전방의 물체도 정확하게 볼 수 있고 무쇠와 같은 팔, 그리고 시속 60마일 이상을 달릴 수 있는 다리…. 나이가 들었지만 또다시 보고 싶은 것이 사실이다.

　그 외에도 재미있게 보던 프로 중에 "V"라는 공상과학 외화가 한동안 선풍적인 인기를 끌었었다. 토요일 저녁만 되면 모든 아이들이 TV 앞에 모여 앉아서 이 드라마를 보느라고 정신줄을 놓곤 했었다. 외계인이 쳐들어 와서 모든 사람을 잡아먹기 위해 지구를 정복한다는 그런 내용의 공상과학 외화였다. 지금 생각하면 약간 유치하기도 하고 허무맹랑한 내용들이지만 그 당시에는 신기한 특수효과와 충격적인 내용들이 많은 어린이들의 눈과 마음을 사로잡았다. 외계인이 사람의 모습을 하고 쥐를 통째로 잡아먹는 장면, 사람의 얼굴이 파충류의 모습으로 바뀌는 장면 등이 아이들의 정신을 뺏기에 충분했었다. 이 드라마의 영향으로 동네 담벼락마다 빨간색 V자가 여기저기에 크게 그려졌던 것을 기억한다.

예전만이 아니라 요즘도 아이들이 TV를 즐긴다. 아니 TV를 더 많이 본다고 해도 과언이 아니다. 아이들뿐 아니라 어른들도 TV 앞에서 많은 시간을 보내고 있다. 뉴욕의 'Daily News' 통계에 따르면 미국인의 TV 시청 시간이 하루 평균 약 5시간이라고 한다. 그 밖의 흥미로운 통계를 살펴보면, 미국 사람들이 소유한 TV는 가구당 2개 이상이고, 66%의 가정이 정기적으로 저녁을 먹으면서 TV를 시청하며, 56%의 가정이 케이블 TV를 시청하고, 자신이 TV를 너무 많이 본다고 답하는 사람이 절반을 넘고 있다.

아이들과 관련된 통계를 살펴보면, 부모와 자녀 사이에 의미 있는 대화를 나누는 시간이 일주일에 3.5분(하루에 30초밖에

안 된다!)인 반면에 아이들이 TV를 보는 시간은 일주일에 평균 1,680분(28시간: 하루 4시간)이며, 미국 청소년들이 일 년 동안 학교에서 보내는 시간이 900시간임에 비해 TV 시청 시간은 1500시간으로 집계되고 있다. 그리고 TV를 통해 보는 살인 장면은 초등학교를 마칠 때까지 약 8,000건이며, 18살까지 TV를 통해서 보는 각종 폭력 장면이 약 200,000건 이상이 되며, TV 폭력이 아이들의 폭력성을 조장한다고 믿는 미국인이 약 79%에 이른다는 것이다.

텔레비전이 반드시 아이들을 폭력적으로 만든다고 단언할 수는 없겠지만 TV를 통해서 폭력 장면을 많이 시청한 어린이들은 당연히 공격적일 수밖에 없을 것이다. 미국 미시간대학 사회연구소의 L. Rowell Huesmann 심리학 교수는 학술지의 〈발달심리학〉에 발표한 보고서(2003년)에서 TV 폭력물의 장기적인 영향을 평가하기 위해 1970년대 말부터 최근까지 329명을 대상으로 TV 시청 취향과 공격성 간의 관계를 장기 관찰한 결과 TV를 통해 폭력을 접한 아동들이 어린 시절의 행동과 관계없이 성장한 다음에 배우자에 대한 학대나 범죄 등 공격적인 행동을 취할 위험이 높다는 것으로 보고하고 있다. 그는 '스타스키와 허치', '6백만 불의 사나이' 같은 TV 드라마의 폭력을 계속해서 보다보면 어린이들이 폭력이 어떤 상황에서는 적절하다는 인식을 갖게 될 수 있으며, 영웅적인 주인공이 폭력을 행사할 때는 더욱 그렇게 느낄 수 있다고 하였다. 또 폭력이 가지고 있는 혐오감을 자연스럽게 없애는 데에도 TV가 큰 몫을 담당하고 있다고 지적하였다. 따라서 Huesmann 교수는 부모가 나서서 10대 이전의 어린이들이 폭력 성향의 TV와 영화를 가능한 한 보지 않도록 해야 한다고 권고하였다.

실제로 아이들이 TV를 통해 계속되는 폭력에 노출이 되면 아이들이 폭력에 대한 면역성이 생기게 되며, 나아가서 폭력을 문제해결의 한 방법으로 받아들이게 되며, 결국 폭력을 모방하는 지경에 까지 이를 수 있는 것이다. 특히 정서적으로나 행동, 혹은 학습 등의 문제가 있는 아이들에게는 TV 폭력은 심각하게 영향을 미칠 수가 있을 것이다. 이러한 TV 폭력이 아이들의 장래에 공격적인 행동의 유일한 원인이라고 말할 수는 없겠지만 중요한 요인임에는 틀림이 없다. 따라서 부모들의 관심과 교육으로만이 우리 자녀들을 과도한 TV 시청과 폭력으로부터 보호할 수 있을 것이다.

몇 가지 제언을 한다면 다음과 같다.

1) TV를 아이들만 보도록 방치하지 말고, 아이들이 시청하는 프로에 관심을 가지고 같이 시청한다.

2) TV 프로그램의 등급(TV-G, TV-14, TV-MA 등)을 잘 살펴서 시청하도록 한다

3) 아이들의 TV 시청 시간을 어느 정도 제한해야 한다.

4) 아이들의 침실에 TV를 놓지 않도록 한다.

5) TV 드라마 속에서 배우는 실제로 죽거나 다치지는 않지만 현실과는 다르다는 것을 분명하게 인식시킨다.

6) 폭력이 결코 문제 해결의 방법이 아님을 강조한다.

7) TV 이외의 놀이와 취미 생활을 개발하여 적극 장려한다.

거짓말하는 부모, 거짓말하는 자녀

　"엄마한테 전화 오면 엄마 지금 집에 없다고 그래. 알았지?" "아빠가 물어보면 너는 아무것도 모른다고 말해야 돼." "너 나중에 혼날 줄 알아." "너 자꾸 말 안 들으면 여기 이 아저씨가 이놈한다." "엄마 돈 없어." "아빠 오시면 너 매 맞는다." "그렇게 말 안 들으면 엄마 혼자 가버릴 거야."

　우리들의 일상생활 속에서 부모가 자녀들에게 아주 쉽게 하는 거짓말의 대표적인 말들이다. 자녀들과 쉽게 약속을 하고 나중에 그 약속을 지키지 않아 아이가 따져 묻게 되면 "아빠가 언제 그런 약속했어?" 하면서 딴청을 부린다면 과연 우리들의 자녀가 무엇을 보고 배울 것인가. 부모로서 아무 생각 없이 자녀들에게 하는 이런 종류의 거짓말들이 결국 자녀들에게 거짓말을 가르치는 것임을 명심해야 한다. 부모가 별 생각 없이 하는 말이겠지만 이런 부모의 사소한 거짓말과 행동을 자녀들이 자주 듣고 보다 보면 아이들은 그 마음속에 '아, 거짓말을 해도 별 문제가 없겠구나!'라고 생각하게 되며 한 걸음 더 나가서 그런 말들이 거짓말인지 조차 모르고 생활 속에서 아무렇지도 않게 거짓말을 반복하는 삶을 살게 될 것이다.

그때 그때의 형편에 따라 하는 부모의 거짓말이 자녀들에게는 상황을 모면하기 위해서 거짓말은 아주 필요하거나 적절한 것이라는 인식을 심어주게 된다. 결국 어려서부터 부모에게 자연스럽게 거짓말을 배우면서 성장하게 되는 것이다. 게다가 부모의 사랑을 충분히 받지 못하고 자라난다든지, 부모가 삶 속에서 거짓말을 너무 자주 한다든지, 아니면 부모가 자녀에게 무관심하다면 아이들은 더 자주 거짓말을 하고 아예 거짓말이 습관화되는 경우 또한 생기게 된다.

이제 우리들의 자녀들이 더 이상 부모들 때문에 거짓말을 하지 않도록 확실한 노력을 해야만 한다. 그렇다면 어떻게 우리 자녀들의 거짓말을 고쳐줄 수 있는가? 첫째로, 어린 아이들(학교에 가기 전)이 하는 거짓말은 부모가 금방 알 수 있다. 따라서 아이들이 하는 거짓말이 어떤 면에서 귀엽기도 하고 재미있기도 하지만 그렇다고 해서 그냥 넘어가거나 웃어넘기는 실수를 범해서는 안 된다. 만일 아이들의 작은 거짓말에 부모가 재미있다고 웃고 넘어간다면 아이들은 점점 더 큰 거짓말을 할 수 있기 때문이다. 어렸을 때부터 부모가 신중하고도 확실하게 거짓말을 하지 않도록 해 주어야 한다.

둘째로, 자녀의 거짓말에 너무 과민반응을 보여서도 안 된다. 분명히 아이들의 거짓말에는 이유가 있다. 너무 화를 내지 말고 침착하게 아이들이 왜 그런 거짓말을 했는지 그 동기를 안 이후에 야단을 쳐도 늦지 않는다. 아이가 하는 거짓말을 침착하게 아이의 입장에서 생각해 본다면 왜 거짓말을 했는지 알게 된다. 그러므로 큰 소리로 화를 내며 소리를 질러서 아이가 놀라 더 큰 거짓말을 하도록 만들 것이 아니라 아이를 진정으로 사랑하고 염려하는 마음을 먼저 보여 주어야 한다.

셋째로, 거짓말은 옳은 것이 아니고 나쁜 것이라는 것을 자녀들에게 분명하게 설명해 주어야 한다. 아이에게 아무리 작은 거짓말이라도 그것은 하나님께 죄를 범하는 것이고 그 거짓말은 항상 나쁜 결과를 가져온다는 것을 설명해 주는 것이 좋다.

넷째로, 아이들의 실수를 용납해 주는 너그러운 태도를 보여 주어야 한다. 아이들이 부모에게 거짓말을 하는 이유의 대부분은 부모에게 야단맞는 것을 무서워하기 때문이다. 이처럼 부모의 강압적인 자세와 실수를 용납하지 않는 태도는 아이들로 하여금 거짓말을 할 수밖에 없는 상황으로 내모는 결과를 가져온다.

아이들은 아직 많은 면에서 부족하고 또 그 인격에 있어서 모자라는 것이 많이 있다. 따라서 아이의 실수를 크게 만들어 아이들로 하여금 거짓말을 만들도록 하는 것보다는 아이들의 실수를 실수로 받아들여서 다음 번에는 그런 실수를 하지 않도록 격려해주는 것이 무엇보다 중요하다. 그런 부모의 사랑과 관심을 아이들이 알게 된다면, 자라면서 겪게 되는 많은 문제들과 고민, 실망과 두려움 등을 부모에게 솔직하게 털어놓을 수 있는 부모 자식 관계가 형성될 것이다.

다섯째로, 자녀들에게 마음을 놓고 편안하게 대할 수 있는 부모로서의 믿음과 사랑을 제공해야 한다. 자녀의 거짓말을 멈추게 하는 가장 좋은 방법은 자녀에 대한 믿음을 보여 주고 부모의 사랑을 심어주는 것이다. 부모가 자녀를 항상 믿고 있다는 신뢰감을 자녀의 마음속에 심어주게 된다면 자녀들은 부모의 이런 믿음을 지키기 위해 항상 노력하게 될 것이다. 또한 부모로부터 늘 사랑을 받는 아이들은 구태여 남을 속이지 않게 되어 거짓말과 상관없이 자랄 수 있는 것이다.

마지막으로, 부모 된 우리들의 평소 행동을 먼저 살펴보아야 한다. 부모가 아이에게 "누가 몇 살이냐고 물으면 7살이라고 해야 돼! 그래야 할인을 받지"라는 말을 아무 거리낌도 없이 자녀에게 한다면 아이는 자신이 거짓말을 한다고 화를 내는 부모를 더 이상 신뢰하지 않게 된다. 아무리 사소한 거짓말이라 하더라도 아이는 부모를 보고 배우는 것이 당연하다. 그러므로 아이들이 거짓말을 하지 않게 하려면 무엇보다도 부모 자신이 거짓말을 해서는 안 될 것이다.

약속할게요

미국 영화를 보다보면 아주 잘 나오는 대사 중의 하나가 "약속해 줄 수 있겠니? (Can you promise me?)"라는 말이다. 여러 상황 속에서 이 말이 사용되지만, 특히 어린 아이가 자기 엄마나 아빠에게 무언가를 다짐 받기 위해서 눈을 똥그랗게 뜨고 물어볼 때 잘 쓰는 말이다. 아이가 이렇게 물으면 영화의 주인공들은 잠시 머뭇거리다가 뭔가를 결심이나 한듯 아이와 키를 낮추고 눈과 눈을 마주치면서 "약속할게요. (I promise you.)" 라고 확실하게 대답을 해준다.

물론 영화에 따라서 약속을 지키는 경우도 있고 못 지키게 되는 경우도 있지만 어쨌든 가능한 한 약속을 지키려고 노력하는 내용으로 이야기는 진행된다. 아이들과의 약속이 그리 중요하다고 생각하지 않는 우리들의 정서로는 한번 깊이 생각해 보아야 할 부분이다. 우리들에게도 약속은 중요한 것이지만 경우에 따라서는 지키지 못할 수도 있는 것이라고 생각하며, 더구나 아이들과의 약속은 그렇게 중대한 의미를 갖고 있다고 생각하지 않기 때문이다. 하지만 서양 사람들에게 있어서 약속은 무척 중요한 것이며 아이들과의 약속은 어른과의 약속보다 더 중요해서 반드시 지켜야 한다는 인식을 가지고 있다.

우리는 세상을 살면서 많은 사람과 약속을 하게 된다. 하지만 참으로 간단한 것처럼 보이는 약속이지만 이것을 지킨다는 것이 결코 쉽지 않다는 것을 우리는 잘 알고 있다. 사업을 하면서 많은 사람들과 약속을 하고 주위의 많은 친구, 친지들, 사랑하는 연인들, 그리고 식구들과도 약속을 한다. 작게는 언제 한번 만나서 같이 식사나 한번 하자는 가벼운 약속(?)에서부터 중요한 사업과 관련된 약속 등 여러 종류의 약속을 수많은 사람들과 한다. 또, 어떻게 보면 전혀 의식을 못하고 있지만 알게 모르게 사회 구성원들과 이미 많은 약속들, 사회 규범이나 법과 같은 것들을 맺으면서 살아가고 있다.

약속(約束)이란 말의 어원을 자세히 살펴보면, 약(約)이란 말은 '맺을 약'으로 실을 단단하게 꼭 묶는 모양을 말하며, 속(束)이란 말 역시 '묶을 속'으로 나무(木)를 감아서 네모나게 (口) 묶은 모양을 뜻한다. 즉 '약속'이란 말 자체에 이미 한번 약속한 것은 반드시 지켜져야 함을 의미한다. 그러므로 약속이란 말로만 어떤 내용을 주고받는 것이 아니라 서로 간의 믿음을 주고받는 것이라고 이해하여야 할 것이다. 따라서 아무리 작은 약속이라도 약속은 '맺고' '묶어서' 지켜져야 하는 것을 원칙으로 한다. 또 다른 의미로는 약속을 지킨다는 말은 정직하다는 것, 성실하게 그 말을 지킨다는 뜻을 내포하고 있다. 따라서 우리는 다른 사람들과 약속을 함부로 할 수 없는 것이다. 나의 인격과 이름을 걸고 하는 약속인 만큼 어렵고 조심스러운 것이다.

그럼에도 불구하고 우리들은 삶 속에서 약속을 너무 쉽게 해 버릴 때가 너무 많이 있다. 친구들에게 돈을 빌리면서 며칠 후에 갚겠다고 약속을 하거나, 이웃이나 아는 사람들에게 책이나 물건들을 빌려 오면서 쓰고 곧 돌려주겠다고 약속을 한다. 하지만 며칠이 지나도 수중에 돈이 생기지 않아서 갚지 못하면서 언젠가는 갚을 것이라고 마음먹고는 금방 잊어버린다. 아니면 빌려온 책이나 그릇을 쓰고는 깜빡 잊어버리고 몇 달 아니 몇 년이 흐르기도 한다.

물론 처음부터 돌려주지 않을 양으로 가져온 것은 아니지만 이러한 것들이 결국 약속을 어기는 것이고 나중에 가서는 친구들로부터 신뢰와 존경을 잃어버리게 되는 것이다. 우리 집에도 보면 분명히 내 것은 아니고 어디선가 빌려온 것 같은데 주인이 누구인지도 모르는 책과 물건들이 여럿 있는 것을 발견하고 놀랄 때가 있다.

특별히 자녀들과 했던 약속을 지키는 것은 무척 중요하다. 우리 주위의 많은 부모들이 아이들이 성가시게 졸라대니까 할 수 없이 건성으로 "해줄게, 약속할게"라고 말해 놓고는 나중에 전혀 기억도 못하는 모습을 종종 볼 수 있다. 하지만 아이들은 기가 막힌 기억력을 가지고 있음을 잊어서는 안 된다. 특히 부모로부터 "그래, 그래 나중에 해줄게, 약속"이라고 말한 것은 절대로 잊어버리지 않는다. 부모의 입장에서 보면 전혀 기억도 나지 않는 일들이지만 아이들은 언제, 어떻게, 무엇을 해 주겠다고 말한 것들을 토씨하나 틀리지 않고 기억해 내는 것이다. 그러면 많은 부모들이 자신의 무책임한 약속과 엉성한 기억력에 대해서 반성하기는커녕 큰 소리로 "야! 이 녀석아, 내가 언제 그런 약속했어? 괜히 자기가 하고 싶으니까 엉뚱하게 아빠한테 야단이야." 등의 아이들을 무시하는 태도로 슬쩍 넘어가려고 한다.

이때 아이들이 경험하는 당혹감과 무안함, 그리고 그 보다 더 큰 부모에 대한 불신감이 아이들의 마음속에 깊이 뿌리내리게 된다. 많은 부모들이 직장이나 사회에서는 어떻게 해서든지 약속을 지키려고 노력한다. 자신의 비즈니스와 관련된 일에서는 더할 것이다. 그러면서도 자신이 가장 사랑하는 가족과의, 아이들과의 약속을 중요하게 생각하지 않는지 이해가 되지 않는다. 아이들은 약속을 잘 지키는 부모의 모습을 보고 자란다. 부모가 약속을 잘 지키면 아이들도 성실한 태도를 가지고 모든 일에 정직하게 행동할 것이다.

그러므로 우리가 모든 일에 약속을 지킬 수 있으면 더할 나위 없이 좋겠지만 그렇지 못할 경우에는 지킬 수 없는 약속은 아예 하지 않는 것이 좋다. 약속하기 전에 이것을 내가 지킬 수 있을 것인가를 먼저 확인한 다음에 약속을 하고, 이미 한 번 한 약속은 반드시 지키도록 노력해야 한다. 아무리 작은 약속이라도 약속은 약속임을 명심해야 한다. 대단한 약속이든지 아니면 사소한 것이든지 간에 그 모든 부모와의 약속 속에서 아이들은 부모에 대한 존경과 신뢰를 배우기 때문이다. 따라서 약속을 지키지 않는 것은 부모의 권위를 떨어뜨리는 지름길임을 한순간도 잊어서는 안 될 것이다.

제 6장. 글로벌 리더

글로벌 리더
(Global Leader)

　지금 우리들이 살고 있는 21세기의 세상은 어떤 의미에서는 국경이 없다고 해도 과언이 아닐 것이다. 지구 저편 한국에서 일어나고 있는 모든 일들이 TV와 뉴스뿐만이 아니라 인터넷을 통하여 여러 가지 다양한 정보를 우리들에게 소상하게 제공해 주고 있기 때문이다. 가령 내가 주일에 몸이 좀 좋지 않아서 교회를 못 간다 하더라도 인터넷을 켜면 주일예배를 집에 앉아서 드릴 수가 있다. 내가 살고 있는 미국만이 아니라 한국에 있는 많은 교회들 중에서 자신이 마음에 드는 교회를 한 군데 골라서 목사님 설교를 연결하면 커다란 화면과 함께 주일예배 실황을 생생하게 볼 수 있다.

　또, 반대로 여기 미국에서 일어나고 있는 많은 소식과 정보들, 정치, 경제, 사회, 문화와 관련된 기사들뿐 아니라 각종 스포

츠 경기 결과와 연예계 소식까지도 시시각각 전 세계로 전달되고 있다. 따라서 그냥 하는 말로 국경 없는 세상이라는 것이 아니라 실제로 모든 것들을 전 세계가 함께 공유하며 누리고 있는 그런 세상이 되었다.

물론 아직도 밖의 세상을 철저히 차단하는 북한과 같은 나라도 있기는 하지만 현재 지구상의 수많은 나라들은 도리어 이러한 범세계적인 흐름 속에서 어떻게 하면 더 많은 정보를 얻을 수 있는지 혈안이 되어 있는 실정이다. 특히 지난 10여 년 간 세계의 글로벌화는 급속히 진행되어 왔으며 이 같은 현상은 기업과 같은 경제적 사회 구조 속에서 심화되고 있는 모습을 보이고 있다.

예를 들어서 국가와 기업 간의 경쟁이 치열해지면 치열해질수록 기업들의 기술개발을 위해서 많은 돈을 투자하게 되고 이런 투자에 대한 경제적 극대 효과를 위해서 자국 내의 시장만을 고집하지 않고 세계적인 차원의 시장 확대를 계속해서 만들어 가고 있다. 이미 중국과 같은 나라에는 전 세계의 많은 나라들이 공장과 지사를 설립하여 외국시장의 천국을 이루고 있으며, 이제는 중국보다 인건비가 더 적게 드는 동남아시아나 남미의 국가들로 눈을 돌리고 있는 실정이다.

이렇게 광범위하게 확대되고 있는 글로벌 시대의 사회에는 구시대의 리더십을 가지고 고집하는 사람이 아닌 새로운 흐름에 유연하게 부응할 수 있는 새로운 모습의 글로벌 리더를 필요로 한다. 우리 기성세대들에게는 글로벌 리더라는 말이 생소할 수도 있겠지만 현재 이 시대와 미래를 바라보며 자라고 있는 우리들의 자녀들에게는 앞으로 글로벌 리더가 보편화되는 것은 지극히 자명한 사실이다. 이미 많은 나라에서 또 기업과 교육기관에서는 글로벌 리더의 육성을 위해 많은 노력을 하고 있다.

예를 들어 미국의 많은 가정에서는 새로운 다음 세대를 준비하기 위하여 자녀들에게 제2 외국어로 중국어를 가르친다. 심지어 중국에서 사람을 데려다가 자신들의 가정부 겸 자녀들의 중국어 가정교사로 고용하는 경우도 유행처럼 번지고 있다. 글로벌 리더십이란 이제까지의 우물 안 개구리 식의 리더십과는 차원이 다르다고 말할 수 있을 것이다. 하루가 다르게 변화하는 세계 속에서 이러한 변화를 빠르게 인식할 수 있는 능력을 갖추고 또 이에 대응하는 실천력을 기본적으로 필요로 한다.

이뿐 아니라 항상 모든 것을 자기 나라라는 좁은 틀 속에 가두어 놓는 협소한 사고방식에서 벗어나 범세계적인 사고방식을 바탕으로 하여 언제나 새로운 아이디어와 진취적이며 개방적인 사고를 가지도록 그렇게 훈련하고 있다.

솔직히 말해서 우리 1세들이 이제 와서 글로벌 리더로 자리 잡겠다는 생각은 다소 늦은 감이 있으며 실제로는 불가능하다. 하지만 우리들의 자녀세대에게 있어서는 얘기가 다르다. 당연히 글로벌 시대의 주역으로 교육해 나가야 하고 또 그렇게 키워야 한다. 그러면 어떻게 우리들의 자녀를 교육하는 것이 글로벌 리더로서의 자격 조건이 되는 것일까?

이에 대한 전문가들의 많은 의견들이 있지만 결국 그 내용을 요약하면 우선적으로는 자신만이 가지고 있는 전문적인 능력을 필수적으로 갖추어야 하며, 변화하는 시대 속에서 변화에 적응하는 정도가 아니라 그 변화를 주도해 나갈 수 있어야 하며, 창의적이고도 독특한 아이디어로 다른 사람을 이끌어 갈 수 있는 사람으로 성장시켜야 한다는 말이다.

또한 글로벌 리더답게 제2, 제3 외국어 정도는 유창하게 할 수 있어야 하며 자신의 생각과 의사를 효과적으로 표현하는 능력도 요구된다. 이와 함께 일정 수준의 도덕성과 모든 사람에게 호감을 주는 겸손하면서도 균형 잡힌 인간적인 면을 갖춘다면 더할 나위 없이 훌륭한 지도자상을 갖게 될 것이다.

이를 위해서는 우선적으로 부모의 열린 사고와 새로운 세대를 준비하는 적극적인 태도를 필요로 한다. 아직도 부모 세대의 사고에 젖어서 자녀들을 어떤 틀에 묶어두려고 해서는 안 될 것이다. 학교 성적에만 연연하는 교육이 아닌 자녀들의 먼 미래를 바라볼 수 있는 안목을 가지고 인내한다면 자녀들은 그렇게 자라 줄 것이다.

　게다가 세상이 요구하는 글로벌 리더들도 많이 필요하겠지만 이왕이면 우리 자녀들을 크리스천 글로벌 리더로 길러내는 것이 우리 부모들의 사명일 것이다. 학교 교육을 통해서 배울 수 있는 학문적인 능력, 최고의 리더를 향한 도전의식, 유창한 외국어 실력 등 이 모든 것을 갖추는 것뿐만이 아니라 나보다는 남을 먼저 생각하고 배려할 줄 아는 그리스도의 사랑과 희생의 마음을 지니고 하나님과 이웃을 섬길 수 있는 그런 멋진 리더들이 될 수 있도록 자녀를 위해 늘 기도하며 후원하는 부모들이 되어야 할 것이다.

최고만을 지향하는 사회

　"당신의 자녀를 최고의 명문대에 보내기를 원하십니까? 그렇다면 최고의 강사진과 최고의 진학률을 자랑하는 저희 학원에 당신의 자녀를 보내십시오." "최고의 이윤을 보장하는 기업, OO 기업." "아무개, 한국 최고의 가수로 군림하다." "휴대전화 보급률 한국이 최고 수준." "자타가 공인하는 세계 최고의 교회, OOO 교회." "최고의 품질과 기술진을 자랑합니다." "한국 최고의 서비스를 자랑하는 저희 OOO 회사는…"

　이처럼 신문이나 잡지, TV 등을 보다 보면 무슨 일에나 혹은 무슨 분야에서 '최고'라는 말이 너무나도 자주, 그리고 많이 쓰이고 있음을 보게 된다. 또 이 단어가 그리 어색하지 않고 아주 익숙하게 들리는 것도 사실이다. 분명히 최고라는 말은 그 분야에서 단 한 사람에게만 주어지는 영예임에도 불구하고 모두가 다 최고라고 말들을 하고 있다. 모두가 최고라고 하니 정말 누가 최고이고 누가 최고가 아닌지 구분이 가지 않는다. 게다가 이제는 최고라는 말을 붙이지 않으면 뭔가 섭섭하고 별 볼일 없어 보이는 것 같은 느낌마저도 가져다 준다. 따라서 아주 작은 것에서부터 정말 큰 일에 이르기까지 모든 것에 최고라고 붙여야 그럭저럭 체면을 유지하게 된 것이다. 그야말로 최고만을 지향하는 사회 속에서 우리는 살아가고 있다.

언제부터인가 우리들은 최고가 되지 않으면 인생의 낙오자가 되는 것과 같은 생각을 갖게 되었다. 학교에서도, 직장에서도, 심지어 교회에서까지도 모든 면에서 우리들은 최고를 향해 줄달음질 치고 있다. 물론 최고가 된다는 것이 나쁘다는 말이 아니다. 혹은 최고를 이루는 것이 어떤 요행이나 술수를 써서 이루어지는 잘못된 것을 말하는 것도 절대로 아니다. 또 '최고'가 아닌 '최선'을 다했다는 말로서 우리들이 할 수 있는 노력과 수고로부터 도망가려는 책임 회피주의적인 말을 하고자 하는 것도 아니다.

단지 모든 사람들이 최고가 되는 것만을 최선(?)으로 생각하는 것이 뭔가 잘못되지 않았는가 하는 생각이 드는 것이다. 세상의 모든 사람이 최고가 될 수는 없다. 또 한 번 최고가 되었다고 해서 언제나 그 자리에 있으란 법도 없다. 오늘의 최고가 내일도 최고가 되라는 보장이 없는 것이다. 아무리 최고의 자리에서 발버둥을 쳐도 언젠가는 다른 사람들에게 최고의 자리를 내어주게 되어 있는 것이 우리들 삶의 법칙이다.

그럼에도 불구하고 우리들은 모든 면에서 최고만을 강조하고 최고가 되기 위해서 안간힘을 쓰며 살아간다. 심지어는 우리들이 믿는 신앙도 최고가 되어야 한다고 굳게 믿고 있다. 내가 하

는 일을 세상이 알아주는 최고의 것이 되기를 바라고, 내가 사는 집이나 자동차도 다른 사람과 비교할 수 없는 최고의 것이 되어야 하며, 내가 다니는 교회도 가장 큰 교회, 제일 일 많이 하고 모든 사람들이 알아주고 인정해 주는 그런 교회가 되어야 한다. 내 자식들도 다른 아이들과 비교하여 늘 최고의 위치에 서야 마음이 놓인다.

따라서 무슨 수를 써서라도 다른 아이들과 차별화 시켜서 다른 사람들에게 우러름을 받아야 된다고 생각한다. 그렇기 때문에 늘 다른 사람과 비교를 하게 되고, 또 이런 생각을 가지고 살다보니 명품 신앙, 명품 교회라는 웃지 못할 말도 생겨나는 것이다. 항상 내 자신을 다른 사람들과 비교하며 나 자신을 다른 사람들 위에 올려놓는 배타적인 모습으로 고립시키려는 그 마음 자세는 이미 최고라는 말과는 상관이 없는 잘못된 모습일 것이다.

하나님은 우리에게 최고가 되라는 말을 하신 적이 없다. 오히려 우리에게 최고가 되려면 다른 사람을 섬기는 자가 되어야 한다고 말씀하셨다. 다른 사람을 섬기는 자가 큰 자이지 결코 자신이 최고가 되려고 하는 자가 큰 자가 될 수 없음을 말씀을 통해서 수없이 가르쳐 주셨다.

그럼에도 불구하고 우리들은 우리들의 헛된 욕망과 명예와 자부심 때문에 우리들을 최고의 자리에 올려놓으려고 애를 쓴다.

최고가 되는 것을 꿈이라는 말로, 비전이라는 말로, 혹은 사명이라는 말로 아무리 좋게 포장하려고 해도 결국 그 속에는 우리 인생의 헛된 욕심과 야망이 사로잡고 있음을 부인할 수 없을 것이다. 아무리 아니라고, 하나님과 이웃과 사회를 위해 최고가 되는 것이라고 변명을 하려 해도 우리들 속에 있는 교만과 어리석은 생각이 우리들을 속이고 있음을 깨달아야 한다. 우리의 재능이나 달란트의 많고 적음을 우리 주님이 탓하지 않으실 것이다. 오히려 우리가 갖고 있는 각자의 것으로 얼마나 최선의 노력을 하였는지를 보실 것이다. 주님은 우리들이 '최고'가 되기를 원한다면 종이 되어 다른 사람을 섬기라고 말씀해 주셨다. 진정으로 '최고'가 된다는 것이 무엇인지를 우리는 다시 한 번 생각해 보아야 할 것이다.

자녀를 위한 경제교육

　미국 경제가 지난 수년 동안 심상치 않다. 이제 좀 나아진다고 말들은 하지만 실제로 피부로 와닿는 느낌은 아직도 크게 달라진 것이 없다. 전문가가 아닌 우리와 같은 서민들이 한 번씩 해보는 소리가 아니라 시장에 한 번만 나가 보아도 전과 같지 않음을 금방 알 수 있다. 동네 잡화점에서 몇 가지 물건만을 샀는데 다시 한 번 영수증을 확인해 보아야 할 정도로 물가가 올랐다. 우리가 날마다 먹어야 하는 쌀값도 천정부지로 올라 이제는 그러려니 하는 형편이 되어 가고 있는 것이다.

　얼마 전부터는 세계 경제의 상징이자 미국 경제의 자존심과 같은 굵직굵직한 투자은행과 재정 회사들이 줄줄이 파산 신청을 하면서 모든 사람들이 불안감을 감추지 못하고 있다. 이제는 언제 어느 은행이, 혹은 큰 회사가 문을 닫게 될지 아무도 모르는 상황이 되어 버린 것이다. 예전에는 주식시장이 올라야 몇 십 포인트, 내려도 몇 포인트 정도였지만 요즘은 하루 사이에도 주식이 몇 백 포인트씩 오르락내리락 하는 불안한 모습을 보인다. 나아질 듯 하면서도 여기 저기에 발목이 잡혀서 경제는 아직도 침체 국면을 벗어나지 못하는게 요즘의 현실이다.

하지만 현재 눈에 보이는 것들은 경제 위기에 대한 증상들일 뿐이지 그 원인이라고는 볼 수가 없다. 따라서 그 증상을 해소시키는 것만을 가지고는 미국과 전 세계가 당면한 경제 위기의 심각성을 바로잡을 수가 없을 것이다. 그렇다면 근본 문제는 무엇인가? 바로 미국의 병이라고도 할 수 있는 소비 중독, 과소비가 우리가 겪고 있는 문제의 핵심이라고 말할 수 있다.

지난 70년대 이래 남자 근로자들의 실질소득이 최고에 이르자 여성들이 노동시장에 뛰어들게 되어 중산층의 소비욕구를 채우게 되었지만, 이것도 한계에 이르자 마구잡이식의 대출로 집을 장만하거나 집을 담보로 해서 분에 넘치는 소비를 하게 되었다는 말이다. 바로 이런 과소비 행태를 바로잡지 않은 한 어떤 대책을 내놓더라도 경기침체의 우려는 수그러들지 않는다는 것이 전문가들의 견해이다.

실제로 우리 이민자들의 삶을 돌아보면 세계 경제 대국이라는 미국에 와서 저마다의 '아메리칸 드림'을 가지고 열심히 살아왔다. 어떤 종류의 일도 가리지 않고 우리들의 가정과 미래를 위해서, 특히 우리들의 자녀들을 위해서 그야말로 물불을 안 가리고 최선의 노력을 해 왔다. 하지만 앞으로의 상황은 불확실하다. 우리들의 자녀들이 공부만 열심히 해서 좋은 학교만 들어가면 안정된 직장이 보장되던 시대는 더 이상 기대하기 힘들게 되었다. 날로 치열해지는 경쟁 속에서 자녀가 바르게 살아갈 수 있도록 키우고 싶다면 이제는 경제와 관련된 교육을 어느 정도는 가정에서부터 가르쳐야 하는 시대가 온 것이다. 아이들을 위해서 주식이나 펀드를 들어주는 정도가 아니라 자녀들에게 어떤 경제관을 심어주고 어떻게 물질을 잘 관리하는가를 가정에서부터 가르치고 좋은 습관을 길러주는 것이 중요할 것이다.

요즘 아이들은 돈의 가치와 그 중요성을 잘 모른다. 그러기 때문에 몇 백 불 이상 하는 핸드폰을 일 년이 멀다 하고 바꾸는 것을 당연하게 여기는 것이다. 필요에 의해서 산다기보다는 친구가 갖고 있기 때문에 나도 있어야 한다는 모방적인 소비이며, 부모들도 내 아이들은 아쉬운 것 없이 최고로 키우겠다는 잘못된 경제관념에서 비롯된 것이다.

이렇게 자라다 보면 커서 대학에 가도 크게 달라지지 않는다. 항상 부모에게 손을 벌리며 자동차도 부모가 사 주기를 으레 바라는 눈치이다. 일단 대학에 들어가게 되면 부모에게 돈을 받

아서 쓰는 것을 부끄럽게 생각하는 여기 아이들과는 비교가 된
다. 그리고 대학생 때부터 만들기 시작하는 크레딧 카드는 사회
에 발을 들여놓기도 전에 엄청난 빚을 떠안고 시작하게 되는 경
우도 많다.

우리들의 자녀들이 이런 모습으로 성장하지 않도록 어려서부
터 돈에 대해서 확실하게 교육시켜야 한다. 일반적으로 아이들
이 대학에 들어가기 전에 대부분의 습관과 생활방식이 결정되기
때문에 경제교육에 있어서도 어려서부터 제대로 가르쳐야 할 것
이다. 어릴 때부터 돈에 대해서 가르친다는 것이 별로 좋을 것 없
다는 생각을 할 수도 있겠지만 자녀를 위한 경제 교육은 반드시
돈에만 국한되는 것이 아니다. 보다 나은 미래를 위해 확실한 경
제관을 갖추어야 한다는 말이다.

아이들은 대략 10살 정도가 되면 자기 스스로 계획하고 관리
할 수 있는 능력이 생기게 된다. 따라서 이 시기가 되면 부모들이
경제에 대한 가장 기초적이고도 필수적인 생활 습관을 훈련시켜
서 규모 있게 살 수 있도록 도와주어야 한다.

이제 세계의 경제는 언제 어느 방향으로 흘러갈지 그 누구도
예측하기가 힘들다. 그야말로 대공황과 같은 최악의 상황이 올
지 아니면 잘 극복하여 회복의 국면으로 전환하게 될지는 모르지
만 분명한 것은 우리의 미래는 준비하고 훈련된 사람의 몫이라는

점이다. 우리들의 자녀들이 미국의 병, 아니 세상의 병인 과소비와 소비중독에 빠지지 않도록 우리 부모들이 먼저 세상에 욕심을 두지 않는 참된 크리스천의 모범을 자녀들에게 보여 주는 것이 최선의 방법이 될 것이다.

엄친아

　요즘 한국 TV나 인터넷을 보면 생전 처음 듣는 말이 있다. 이런 말들은 사전에도 없는 말들인데 다름 아니라 어떤 단어들이나 구절의 줄임말이나 인터넷상에서 유행하는 신조어(新造語)들이다. 예를 들어서 '도촬'이라는 말은 몰래 사진이나 비디오를 찍는 것으로 도둑 촬영의 줄임말이고 '열공'은 열심히 공부한다는 뜻이다. 이밖에도 '완소(완전히 소중한 물건이나 사람)', '제곧내(제목이 곧 내용)', '장미단추(장거리 미인, 단거리 추녀)' 등이 있다.

　그런데 이런 신조어나 줄임말 중에서 그래도 많이 알려진 '엄친아'라는 말이 있다. 이 말은 '엄마 친구 아들'의 첫 글자를 딴 줄임말로서 요즘 한국에서 크게 유행하는 말 중의 하나이다. 엄마들이 자기 자녀에게 "내 친구 아들 누구는 공부도 잘하고, 또 잘생기고 거기에다가 부모 말씀도 잘 듣고…" 이런 식으로 말하면서 자기 자녀와 비교를 하는 데서 나온 말이다. 꼭 어린 자녀들에게만 쓰는 말이 아니라 20-30대 청년층에게까지 폭넓게 사용되고 있다. 학교도 좋은 곳을 졸업하고 알아주는 직장을 가지고 있는데 키도 훤칠하고 잘생겼으며 게다가 성격까지 나무랄 것이 없을 때 엄친아라는 말을 사용한다.

이 '엄친아'라는 말의 의미는 일반적으로 '완벽한 존재'라는 특

성을 지니고 있다. 누구인지도 잘 모르고, 또 실제로 존재하는지도 확실치 않지만 자신들의 어머니들이 생각하고 원하는 무엇이든지 잘하고 완벽한 그런 사람을 뜻한다. 하지만 많은 사람들에게 엄친아라는 존재는 긍정적이고 듣기 좋은 그런 존재로 이해되는 것이 아니라 바로 이 엄친아 때문에 스트레스를 받게 되는 아주 기분 나쁜 존재로 다가오게 된다.

따라서 이 말은 다른 사람과 비교당하는 것에 대한 거부감을 지닌 의미로 사용되는 경우가 더 흔하다. 실제로 한국의 교육학자들과 심리학자들은 엄친아와 같은 존재로 인한 스트레스가 자녀들의 부정적인 자아 개념을 형성하게 만드는 요인이 될 수도 있다고 주장하기도 하며, 한국의 사회가 이와 같이 모든 사람들에게 있어서 경쟁 심리로 가득 차 있다는 것을 증명하는 것이라고 설명하기도 한다. 결론적으로 말하면 이 엄친아라는 것은 부모의 욕심이 만들어낸 일종의 어떤 우상과도 같은 존재라고 말할 수 있을 것이다.

우리들은 중·고등학교를 다니면서 좋은 대학에 들어가기 위해서 친구들과 서로의 성적과 학업을 비교하며 자랐다. 또 대학에 들어가서는 좋은 직장에 들어가기 위해서 어떻게 해서든지 높은 학점을 따려고 안간힘을 썼던 것이 사실이다. 직장에 들어가서도 상황은 하나도 달라지지 않았다. 직장의 동료는 나와 같이 일하는 협력자의 개념이 아니라 언젠가는 내가 따돌려야 하는 경쟁자의 모습으로 다가오게 된다. 결혼하면서도 자신의 배우자를 친구들과 비교해야 하며, 또 결혼을 해서도 집을 장만하고 자동차를 사면서도 이러한 다른 사람들과의 비교의식은 그칠 줄 모른다.

그뿐만이 아니라 아직도 한국인들의 심리 한 구석에 자리 잡고 있는 유교적, 가부장적인 사고로 인해 위계질서 속의 가족과 부모의 눈치를 보면서 다른 사람들보다 반드시 성공해서 '가문의 영광'을 이루어야 하는 강박관념 속에서 살아간다. 그러므로 이 불행한 비교의식은 죽을 때까지 없어지지 않는 평생의 스트레스로 우리 곁을 따라다니는 것이다.

개개인의 다양성과 자신만의 개성을 존중하는 그런 분위기보다는 늘 성적과 같은 점수 매기기와 눈에 보이는 객관적 기준에 의해서 서열화 되는 그런 가치를 늘 우선시 하는 사회에서 부모 세대가 성장해 왔음을 부인할 수 없다. 그러다 보니 자녀들에게도 너무나 자연스럽게 엄마 친구의 아들은 이렇구 저렇구 이런 말들이 나오게 된다. 또 자녀들은 당연히 이 엄친아로 인해서 심한 스트레스를 받고 늘 열등감 속에서 주눅이 든 모습으로 피곤한 삶을 살아가는 것이다.

결국 사람마다 가지고 있는 내면의 좋은 것들은 무시되고 단지 외적인 요소들 때문에 모든 사람들이 경쟁심 속에서 사는 불행한 모습을 보인다. 현대 사회와 가정의 문제는 바로 이런 경쟁심에서 비롯되고 있다. 가정에서, 학교에서, 사회에서, 심지어는 교회 안에서도 이런 경쟁심리를 가지고 다른 사람들과 자신을 비교하고 있다. 분명히 하나님께서는 우리들에게 여러 가지 다양한 모습의 특성과 성품과 은사들을 허락해 주셨음에도 불구하고 어떻게 해서든지 우리는 다른 사람들 보다 더 높은 자리, 더 귀하게 대접을 받는 사람이 되기를 바란다.

그러나 분명한 것은 세상을 이끌어 가는 사람은, 세상을 변화시키는 사람은 이런 '엄친아'가 아니라 하나님께서 나에게 주신 사명과 은사를 바르게 깨닫고 개발하여 모든 일에 최선을 다하는 사람일 것이다. 우리들의 자녀를 더 이상 친구의 아들과 비교하지 말고 어디에 있던지, 무엇을 하던지, 자신에 대한 올바른 이해와 지각을 가지고 하나님의 나라와 이웃을 사랑하고 섬기는 사람으로 '하나님이 사랑하시는 자녀'들로 양육할 수 있는 부모들이 되어야 할 것이다.

일류병

　예전에 LA지역 오렌지카운티 출신의 명문 고등학교를 졸업한 여학생이 무려 8개월 동안이나 스탠포드 대학의 학생임을 자처하며 기숙사에서 생활을 해오다 학교 당국에 의해 적발되어 쫓겨났다는 뉴스 보도가 이민 사회에 적지 않은 충격을 준 적이 있다. 이 여학생은 자신을 생물학을 전공하는 학생으로 가장하여 학교 수업은 물론이고 친구들과 함께 시험공부도 하며 지냈다고 한다. 이 여학생의 친구들은 이러한 사실에 놀라움을 금치 못하며 명문대로의 진학을 원하는 부모의 강요와 압력, 그 모든 것들이 부담이 돼서 이런 일을 저질렀을 수 있었을 것이라고 했다. 또 이 학생이 나중에 대학 진학에 대한 가족의 압박감을 받았다고 진술한 것으로 전해졌다. 게다가 이 여학생은 산타 클라라 대학의 예비역 장교후보생 (ROTC)으로도 행세를 했던 것으로 알려지고 있다. 그나마 사법, 학교, 군 당국으로부터의 법적인 처벌을 받지 않은 것이 다행으로 여겨진다.

참 어이없는 일이지만 우리들의 마음을 무겁게 하는 것이 사실이다. 이 여학생이 얼마나 부모로부터 심리적 압박을 느꼈으면 보통 사람의 상식으로는 상상을 못할 일을 저질렀을까 하는 측은한 생각까지도 드니 말이다. 실제로 이민 사회 속에서 부모들이 우리 자녀들에게 거는 기대는 상상을 초월한다. 부모들의 기대가 너무 높기 때문에 아이들이 그 기대에 못 미치면 심리적으로 상처를 받게 되고, 심한 경우에는 자살까지도 생각한다고 말한다. 명문대에 집착하고 있는 한인 부모들의 소위 '일류병'과 과잉 기대가 흡사 스탠포드 대학의 가짜 대학생 사건을 만들어 내고 있는 것이다.

우리 주위의 많은 한인 부모들이 자녀들로 하여금 좋은 대학, 좋은 직장과 같은 눈앞에 보이는 단기적인 목표만을 바라보고 그것만을 향해서 좇아가도록 만드는 경향을 보인다. 그래서 고등학교, 아니 초등학교 때부터 좋은 학군으로 빚을 내서라도 이사를 가고, 또 자녀들을 한국에서처럼 학원을 보내며 명문 대학 진학을 위해 최선의 노력(?)을 아끼지 않는다. 또 자녀들이 여러 학교에 지원을 해서 합격을 해도 소위 한인 사회에서 알려진 유명한 대학에만 진학을 해야 한다. 아무리 훌륭하고 학문적으로 뛰어난 학교라도 부모가 그 대학의 이름을 들어보지 못한 학교이면 절대로 보내지 않는 것이 현실이다.

그렇지만 긴 안목으로 볼 때는 반드시 명문 대학을 나오는 것만이, 좋은 직장에 들어가는 것만이 좋은 것은 아닌 세상이 되었다. 오히려 세상은 외골수로 공부만 잘하는 사람보다는 모든 면에서 사고력이 깊고, 다른 사람들과의 인간관계를 잘 맺으며, 자

신의 말과 행동에 책임을 질줄 아는 그런 깊은 인격을 가진 사람을 원한다. 현대 사회는 과학 기술의 발전으로 이미 모든 지식과 정보가 넘쳐 난다. 꼭 그것을 자기 머릿속에 집어넣어서 암기하지 않아도 되는 세상이 된 것이다. 컴퓨터나 스마트폰만 켜면 세상의 모든 정보가 끝도 한도 없이 쏟아져 나온다. 예전처럼 과거를 보러 가서 사서삼경서부터 모든 서적을 줄줄이 외워야 출세하는 그런 세상이 더 이상 아니라는 말이다. 오히려 눈에 보이는 내용을 그대로 보기 보다는 비판적인 사고를 가지고 여러 가지 다른 각도에서 볼 줄 알아야 하고, 쏟아지는 정보의 홍수 속에서 어떤 정보가 바른 것인지를 가려낼 줄 알아야 하고, 또 그런 정보들을 체계화하며 판단하여 스스로의 비판적인 시각으로 정리할 수 있는 통찰력을 갖추는 것이 중요하다.

또한 인격적인 면에서는, 항상 자신만을 위해서 살아가는 사람이 아니라, 작은 일에도 다른 사람을 한번 돌아 볼 줄 아는 사람, 그리고 자신의 말과 행동이 다른 사람들에게 어떤 영향을 미치고 있는지를 생각해 볼 줄 아는 덕을 갖춘 사람이 되어야 한다. 이러한 인격적 품성을 갖추어야 물질 만능주의 속에서도 자신의 주관을 가지고 당당하게 살아갈 수 있기 때문이다.

이제 자녀들이 성장하여 대학에 들어갈 정도의 나이가 되면 더이상 어린 아이로 취급해서는 안 될 것이다. 부모의 생각대로 이래라 저래라 해서는 안 된다는 말이다. 물론 아이들도 나이가 들면 부모의 말대로 움직이지는 않겠지만 부모의 강요와 억지에 자녀들은 많은 상처를 받고 있다. 더구나 이민 사회 속에서 다른 사람들과의 경쟁 심리와 체면이라는 것 때문에 우리들의 자녀들은 희생되고 있는 것이다. 부모의 체면 때문에 자녀들이 원치 않는 의대나 법대에 들어가야 하고, 가고 싶지 않는 대학에 가야 하는 그런 일은 이제 그만해야 한다.

대학에 들어갈 나이가 되었다면 자신이 스스로 생각하고 판단하는 능력이 어느 정도 있어야 한다. 부모님의 기대에 부응하기 위해서 공부한다는 그런 외적인 동기를 가지고는 한계가 있다. 자신 스스로의 필요에 의한 내적인 동기가 있어야 어떤 어려움이 있더라도 이를 극복하고 끝까지 인내할 수 있는 것이다.

이제 더 이상 우리들의 자녀들에게 우리가 가지고 있는 '일류병'을 전염시켜서는 안 된다. 아버지가 의사이기 때문에 자녀도 의사가 되어야 하고, 또는 집안에 의사가 없기 때문에 너만은 의사가 꼭 되어야 한다는 그런 강요와 압박은 옳지 않다. 2세 자녀들이 1세의 말을 듣지 않는다고 많은 부모들이 불평을 한다. 하지만 우리들의 2세 자녀들은 겉으로는 말을 듣지 않는 것 같아도 속으로는 부모들의 기대에 부응하기 위해 나름대로 고민하며 노력하고 있다. 하지만 자신의 능력과는 상관없이 일류대학과 의

대, 법대 진학을 바라는 부모님의 기대 때문에 힘들어 한다. 우리 한인 사회에 가짜 명문대생이 나오는 것은 자녀들의 문제가 아니라 바로 우리 1세대 부모들의 문제라는 것을 깨닫고 이 일류병에서 이제는 헤어 나와야 할 때가 되었다.

감정 표현

　이곳에서 태어나고 공부했다고 해서 한국아이들이 미국아이들이 될 수 있을까? 절대로 그렇게 될 수는 없을 것이다. 우선 생김새가 틀리고, 또 아무리 미국식 교육을 받았다고 해도 부모가 한국 사람인 이상 우리들의 2세, 3세들은 한국적인 정서를 가지고 있음에 분명하다. 그래서인지는 모르지만 확실한 것은 우리 아이들은 미국아이들처럼 자신의 생각이나 감정을 분명하게 부모들에게 표현하지 못한다는 것이다. 좀 더 솔직하게 말해서 우리의 자녀들은 부모들에게 자신들의 기분이나 마음속에 품고 있는 자신만의 생각을 쉽게 표현할 수 있는 그런 가정환경 속에서 자라고 있지 못하고 있다는 말이다. 많은 부모들은 자신의 자녀들이 아무런 문제 없이 잘 지내고 있으며, 부모와의 의사소통에 아무런 어려움이 없다고 생각한다.

물론 그런 가정이 없는 것은 아니지만 대부분의 경우 많은 아이들이 부모들의 생각과는 전혀 다른 세상 속에서 다른 문화를 영위하면서 살아가고 있는 것이 사실이다. 아이들에게 가정과 학교는 철저하게 다른 세상이며, 더구나 부모에게 보이는 자신의 모습은 실제 자신의 모습과는 판이하게 다르다는 것을 많은 부모들이 눈치채지 못하는 것이 이민 사회 가정의 현주소이다.

자신의 감정이나 느낌 등을 편안한 마음으로 부모에게 말한다는 것은 2세 자녀들에게는 상상할 수 없을 정도로 어렵게 느껴진다. 우리 부모 세대는 한국의 유교적인 사고 속에서 자라났다. 유교적인 가치관이 깊게 뿌리내린 한국의 사회에서는 모든 분야에서 수직적인 경쟁 관계를 형성하면서 사회에서의 생존을 위해 남자들은 항상 엄격함이나 경쟁심과 같은 남성적(?)인 감정은 숨김없이 표현하도록 내버려 두지만 슬픈 감정이나 두려움과 같은 감정은 절대로 허용하지 않는다.

그래서 남자들은 울어서도 안 되고 수줍음을 타서는 결코 안 된다. 남자 아이들에게는 이처럼 다양한 감정 경험을 느끼는 것 자체를 허용하지 않고, 그 반대로 여자들에게는 가족을 위해 필요한 자기희생만을 요구해 왔다.

이런 식으로 감정이 통제되고 억압된 삶을 살며 자라온 우리 부모세대들이기 때문에 자신들뿐만이 아니라 자녀들의 감정을 이해하고 인정하는 것을 매우 힘들어 한다. 또 자녀들은 자녀들 대로 부모를 너무나 잘 알고 있다. 괜히 자신들의 감정을 표현해 봐야 미국에서 자라서 버릇이 없고 제 멋대로 라는 말밖에 듣지 못한다는 것을 너무나 잘 알아서 감정을 알아서 미리 숨기는 것이다.

그러나 감정은 외면하고 숨긴다고 사라지는 것이 아니라 오히려 부적절하게 표출되어 부모와 자식 관계에 부정적인 영향을 끼치게 마련이다. 감정 표현을 부적절하게 나타내게 되면 부모에게만이 아니라 주위의 모든 다른 사람들과도 원만한 관계를 맺지 못하게 됨으로 결국 자기 자신도 부정적인 자아를 형성하게 되어 자존감은 점점 더 낮아지게 된다.

부모들에게 이제까지 가지고 있던 생각이나 사고를 한순간에 바꾸라고 요구할 수는 없을 것이다. 더구나 어려서부터 자라온 환경과 교육 때문이라도 우리 부모들이 쉽게 바뀌지 않는다. 하지만 이곳에서 이중적인 문화와 교육 속에서 자라는 자녀들을 위해서 한번은 우리의 생각을 접고 자녀들의 미래를 위해서 긍정적인 변화를 시도한다는 것이 과연 무리한 요구인지를 다시 한 번 생각해 보아야 한다.

만일 자녀들이 경험하고 느끼고 생각하고 바라는 것들을 표현하였을 때 부모가 이러한 것들을 이해하려고 노력하면서 적절하게 수용하여 준다면 자녀들은 정말로 자존감을 높이면서 자랄 것이다. 가정에서 자신을 숨기지 않고 언제든지 정직하게 표현한 아이들이 자신이 가지고 있는 잠재적인 능력을 사회에서도 유감없이 발휘하게 된다는 말이다. 이렇게 자라난 자녀들은 우선 자신을 존중할 줄 알게 되며, 자신이 무엇을 원하고 무엇을 목적하며 살고 있는지를 깨닫게 되어 보다 독립적이고 바람직한 삶을 살 수 있게 된다.

하지만 이런 경험을 충분히 느껴보지 못한 자녀들은 늘 낮은 자존감을 갖게 되어 자신이 원하는 삶을 살아 간다기 보다는 다른 사람들이 요구하는, 특히 부모가 강요하는 삶을 억지로 살 수밖에 없을 것이다.

아이들은 결국 부모에게서 세상을 배운다. 아무리 학교 교육이 중요하다고 해도 실상은 가정에서 부모로부터 세상을 살아가는 법과 원리를 터득해 나가는 것이다. 혹시 우리들의 자녀들이 우리 부모들 때문에 자신들의 생각이나 마음을 숨기며 이중적인 삶을 살고 있지는 않는지, 그래서 낮은 자존감 때문에 매사에 부정적이고 소극적인 삶을 사는 것은 아닌지를 한번 확인해 보고 자녀들과 서로의 감정 표현을 자연스럽게 나타낼 수 있도록 노력해야 할 것이다.

On-Demand

중학교 2학년이나 아니면 3학년 때였던 것으로 기억한다. 그 당시 세계에서 가장 유명한 권투선수 중의 한 사람이며 미국 복싱 헤비급 챔피언이었던 무하마드 알리와 일본 최고의 프로 레슬링 선수 안토니오 이노끼의 세기적 대결이 있었다. 그것도 토요일 오후에 TV로 생중계해 주었다. 그 당시로는 파격적인 흥행이었다.

권투 선수와 레슬링 선수와의 대결! 어떻게 보면 말이 되지 않는 이상한 시합이었지만 나름대로 세상의 이목을 끌 수 있는 빅매치였다. 중학생밖에 되지 않았던 나는 그 시합이 너무 보고 싶어서 시합이 있던 날 학교에서 오전 내내 무슨 생각으로 공부를 했었는지 전혀 기억나질 않는다. 단지 수업이 끝나는 즉시 버스를 타고 집으로 가서 TV 앞에 앉을 궁리만 하였던 것이다. 왜 그리 시간은 더디 가는지 속이 다 상할 정도였다. 그리고 수업이 끝난 후 부리나케 버스를 타고 집으로 향했다.

학교와 집과의 거리는 버스로 약 40-50분 정도 걸렸고 버스 안에서 운전사 아저씨가 틀어준 라디오에 온 정신을 집중하여 들으면서 집에 빨리 도착하기만을 바랐다. 라디오에서 들려오는 중계는 잡음과 섞여서 잘 들리지도 않았을 뿐만 아니라 무슨 소리를 하는지도 잘 알아듣기 힘들었다. 지금 알리가 펀치를 날렸다는 것인지 아니면 이노끼의 코브라 트위스트 같은 멋진 레슬링 기술이 들어갔다는지 도무지 알 수가 없었다. 어렵사리 집에 도착해서 TV 앞에 앉으니 벌써 게임은 12라운드의 경기가 거의 끝나버리고 말았다. 끄트머리를 조금 보고는 실망이 이만 저만이 아니었다. 한참 나중에서야 재방송을 보면서 시합이 생각보다 별로 재미없었다는 것을 알았다. 이노끼는 경기 내내 링 바닥에 드러누워 있었고 알리는 제대로 주먹을 날리지도 못했고 결국 이 시합은 무승부로 끝이 나버렸던 것이다.

그러나 이제는 제 시간에 TV 앞에 꼭 앉아 있어야 할 필요가 없는 세상이 되었다. TV에서 방영하는 수천 가지의 프로그램들을 시청자의 입맛대로 조절할 수 있는 세상이 된 것이다. 소위 On-Demand라는 것이 생겨서 TV를 보는 사람의 필요에 따라서 그 즉시로 내가 원하는 방송을 볼 수 있게 되었다. 운동경기는

물론이고 드라마, 쇼, 영화, 음악, 어린이 프로그램에 이르기까지
모든 방송을 아무 때나 리모트 컨트롤을 몇 번만 눌러주면 그 즉
시로 원하는 것을 볼 수 있는 것이다. 게다가 화장실에 가더라도
보고 있던 방송을 일단 정지해 놓을 수 있으며, 화면을 빨리 혹은
뒤로 돌려서 몇 번이고 다시 볼 수 있다. 그러므로 어떤 케이블회
사에서는 "쇼를 보는데 당신의 시간보다 더 좋은 시간은 없습니

다. On Demand는 다른 사람의 것이 아닌 당신의 스케줄에 맞추어서 보다 나은 TV를 가져다 줍니다!"라고 선전하고 있다. 만일 이런 서비스가 예전에도 있었다면 알리와 이노끼의 시합을 그렇게 마음을 졸이며 기다리지 않아도 되었을 것이다.

그런데 문제는 요즘 아이들, 아니 2살짜리 아이도 자기 입맛대로 TV를 시청하겠다는 데에 있다. 아무리 어려도 자기가 원하는 프로가 있어서 그것을 보겠다고 고집을 부린다. 그러면 얼른 On Demand 등을 통해 아이들이 원하는 프로를 그 즉시로 틀어주는 것이다.

예전 같으면 엄마의 "아직 시간 안 됐어. 좀 기다려!"라는 말 한 마디면 마음에 들지 않더라도 할 수 없이 기다려야 했었다. 하지만 지금은 내가 울고 조르면 곧 원하는 것을 순간 얻을 수 있다는 것을 아이도 잘 안다. 그러지 않아도 무엇이든지 자기가 원하는 것을 즉시 얻지 않으면 화를 내는 아이들인데 텔레비전마저도 자신만을 위하는 이기적인 기계로 만들어 버린 것이다. 이제는 모든 것이 자기 위주로, 내 맘대로, 내 편한 대로의 세상이 되어서 조금 참고, 내가 아닌 다른 사람을 먼저 생각하는 아름다운 모습은 찾아보기 힘들어졌다.

참는다는 것, 인내한다는 것은 우리 인간이 가져야 할 최대의 미덕 중의 하나임에 틀림이 없다. 인생을 살다보면 우리에게 꼭 필요한 것들이 많이 있지만 그 가운데 쉬운 것처럼 보여도 참으로 어려운 것이 바로 이 인내일 것이다. 누구나 할 수 있는 쉬운 일을 하는 데는 인내가 그렇게 필요하지는 않지만 어려운 일, 힘든 일에는 철저하게 자기 노력과 자신을 자제할 수 있는 능력이 필요하다. 힘든 일일수록 그만두고 싶은 유혹이 틀림없이 따라오게 될 것이고, 그럼에도 불구하고 자신의 감정과 상황을 뛰어넘을 수 있도록 해주는 인내의 과정을 반드시 거쳐야 승리의 참맛을 누리게 된다.

그런데 어려서부터 모든 것을 숨도 쉴 겨를 없이 자기가 원하는 대로 하다보면 참는다는 것, 인내라는 것에 대한 개념 자체를 갖지 못하게 된다. 가정에서 아이들이 모든 사람의 왕이 되어서 아이들이 원하는 대로 무엇이든지 해주는 것이 버릇이 되어 버리고, 모든 일을 참지 못하고 자신이 하고 싶은 일들만 하는 아이로 자라게 된다면 그 아이의 장래는 불을 보듯 뻔할 것이다.

요즘 우리 주위의 많은 아이들이 예전의 아이들에 비해서 많이 똑똑해지고 영특한 것이 사실이다. 하지만 모든 일에 참을 줄 알고 기다릴 줄 아는 그런 인내의 미덕을 갖춘 아이들은 별로 없다. 설령 부모가 조금 싫은 소리를 한다 하더라도 부모의 말을 끝까지 듣는 인내가 필요할 것이며, 학교에서 공부하는 것도 자기가 하고 싶은 것만 해서는 안 될 것이다. 아무리 어려운 과목이라도 해야 되면 끝까지 해야 되고, 또 여러 가지 유혹이 되는 것들이 있어도 하지 말아야 훌륭한 학생이 될 것이다.

우리들의 자녀가 우리 눈에 아직 어리게 보이던 아니면 다 컸다는 생각이 들던 간에 인내심이 있는 아이들로 자라도록 부모가 먼저 노력해야 한다. 아이들은 부모가 어떻게 양육하느냐에 달려 있기 때문이다. 어느 정도 부모가 규율을 만들어서 우리들의 자녀들이 저 자신만을 위해서 살아가지 않도록, 그야말로 저밖에 모르는 버르장머리 없는 아이들이 되지 않도록 양육해야 한다.

만일, 자기가 듣기 싫은 말은 절대로 듣지 않으려 하며, 먹기 싫다고 편식하며, 힘들다고 포기하고, 학교에서 내 주는 숙제도 하기 싫다고 집어 던지고, 남이 하는 기분 나쁜 소리에 한순간도 참지 못하고 화를 버럭 내는 그런 나약한 아이들로 키우면 안 될 것이다. 또 아이들에게 항상 쩔쩔매며 아이들이 원하는 것을 무조건 다 들어주는 부모가 된다면 나중에 크게 후회하게 될 것이다.

지금 아이들 성화가 힘들겠지만 부모도 함께 인내심을 가지고 '인내가 미덕'임을 가르친다면 건강하고 성숙한 자녀들로 자라날 것이다.

제 7장. 애들 때문에 미국에 왔어요

애들 때문에
미국에 왔어요

　　자녀 교육 때문에 한국을 떠나서 미국으로 이민해 오는 사람들이 우리 주위에 참으로 많이 있다. 예전 70-80년대에는 더 나은 삶의 기회를 찾기 위해 해외로 이민들을 왔다고 하지만 최근에는 그 양상이 전과는 무척 다르다. 한국에서 그래도 잘 나간다는 사람들, 즉 경제적으로 여유가 있고 자녀들의 교육에 대해서 열의가 있는 사람들은 어떻게 해서든지 해외로 자녀를 보내 교육을 시키려고 한다. 꼭 이민이 아니더라도 자녀들을 미국 등 해외의 좋은 환경에서 교육받도록 하기 위해서 조기유학을 보내는 가정이 계속해서 늘고 있는 추세이다.

　　자녀를 혼자 친지에게 보내 공부를 시키는 경우도 있지만 자녀의 뒷바라지를 위해 엄마들까지 따라와서 함께 지내는 경우도 흔히 본다. 아이들이 이국 땅에서 적응하는 것이 어려운 일이기도

하고 자녀를 혼자 먼 곳에 유학 보냈다가 엉뚱한 길로 탈선을 해 오히려 자녀를 망가뜨리는 그런 경우를 종종 볼 수 있기 때문이다. 그러다 보니 자녀의 장래 때문에 온 가족이 멀리 떨어져 사는 그야말로 '이산가족'이 되어 버린 가정들도 허다하다.

미국 내의 교육환경이 좀 좋다고 소문이 난 곳이나 한인들이 선호하는 지역에는 아버지 없이 엄마와 아이들만 있는 가정이 몰려 있는 그런 희귀한 동네도 심심치 않게 보게 된다.

어떤 이유에서든지 한국을 떠나 먼 이곳까지 오게 된 데는 한국의 교육 시스템에 대한 부정적인 생각이 자리 잡고 있다고 해야 할 것이다. 아무리 열심히 공부해도 정상적(?)으로 공부해서는 절대로 좋은 대학에 진학할 수 없음을 절감하면서, 또 그 엄청난 사교육비를 감당하지 못하는데서 오는 일종의 반발심과 같은 것들이 한국에서 자녀를 기르는 부모들의 마음속에 있다. 어차피 이만큼의 천문학적인 돈을 들여 과외를 시키느니 외국에 보내는 것이 낫다고 생각하거나, 또는 외국에 나가서 공부하다 보면 한국보다는 훨씬 나은 기회를 얻을 수 있으리라는 막연한 기대도 갖고 있을 것이다. 이도 저도 아니면 영어라도 하나 배우고 돌아가면 한국에서 뭔가는 하지 않을까 하는 기대감에서 그 모든 어려움을 감수하면서도 자녀들을 외국으로 내 보내는 것이다.

물론 이런 기대와 소망 속에서 성공하는 케이스가 없는 것은 아니다. 부모는 부모대로 온갖 어려움을 겪으면서 고생을 하게 되지만 그런대로 만족할 만한 경제적 기반을 닦게 되고, 아이들도 자신들이 원하는 대학에 진학해서 부모의 기대를 충족시키는 바람직한 경우들이 신문이나 방송을 통해 심심치 않게 들리기 때문이다.

하지만 이런 성공을 거두기가 그렇게 쉬운 일은 아니며, 성공을 한다기 보다는 실패할 확률이 훨씬 높다는 사실을 모든 사람들이 애써 외면하려고 한다. 우리 가족만은, 우리 아이들만은 반드시 성공적인 이민과 유학 생활을 할 것이라는 기대 섞인 소망만을 품으려 한다. 미국에 온 많은 사람들은 이곳의 교육 환경 속에서는 누구든지 쉽게 성공하는 줄로 알고 착각을 한다.

하지만 한국의 교육 여건에 적응하지 못해 도망 오듯이 온 아이들은 여기 와서도 쉽게 적응을 하지 못하며 결국에는 오히려 더 힘든 상황에 빠지기가 더 쉬울 수도 있다는 점을 잊어서는 안 될 것이다. 많은 부모들이나 아이들은 미국에 오면 한국보다 숙제도 많지 않고 공부도 훨씬 수월할 것이라는 선입견을 가지고 있다. 하지만 이곳 미국에서도 아이들이 해야 할 일들은 생각보다 많다.

교육관련 전문가들에 의하면 "교육 때문에 미국으로 온 아이들 10명 가운데 두세 명 정도가 성공을 한다고 말할 수 있으며,

나머지 7-8명은 오히려 상당한 어려움을 겪는다."고 입을 모은다. 그러므로 좋은 교육환경으로 아이들을 데리고 와서 학교에 입학시킨다고 해서 부모가 해야 할 일을 다한 것이라고는 말할수 없다.

교육환경이 아무리 좋다고 해도 학부모들과 자녀들이 이를 잘 활용하지 못한다면 소용없는 일이라는 것이다. 부모들이 항상 입버릇처럼 말하는 좋은 교육환경이라는 것은 미국 내에서 이 학교가 어느 정도 수준이며 명문 대학에 얼마나 보내느냐라는 식의 눈에 보이는 것만의 문제가 아니다. 바로 이런 점들이 못마땅하다고 유학을 보내놓고서도 결국 한국에서와 똑같은 사고를 가지고 행동하는 것이다. 높은 교육열을 가지고 있음에도 불구하고 단순히 좋은 학군에 아이들을 집어넣는 것만을 최선으로 여긴다면 한국과 별반 다를 것이 없다. 학교와 학부모와 자녀들이 바른 관계가 형성되도록 해 주어야 비로소 아이들이 제대로 공부할 수 있는 토대가 마련되는 것이다.

실제로 한국에서 온 아이들은 수학 등에서 뛰어난 실력을 보이는 경우가 많이 있지만 그 밖의 영어나 역사, 사회 과목과 같이 자신의 생각을 영어로 표현해야 하는 수업에서는 많은 어려움을 겪는다. 부모들은 아이들이 약 1년 정도면 어느 정도 영어를 할 수 있을 것이라는 그야말로 막연한 생각을 가지고 있다. 그러기 때문에 학교에서 제공하는 ESL/ELL(English as a Second Language/ English Language Learner) 프로그램을 별로 달가워하지 않는다. 무조건 미국 아이들이 있는 곳에서 같이 공부해야 영어가 빨리 늘 것이라고 생각한다. 결국 ESL/ELL 클래스에 들어가게 되면 마치 열등반에 들여보내는 것 같은 기분에 하루라도 빨리 정규 클래스로 보내려고 안달을 한다.

그래서 선생님과의 컨퍼런스 첫 질문이 우리 아이가 언제 정규반으로 들어갈 수 있느냐는 물음부터 하게 되는 것이다. 하지만 이런 클래스에서 열심히 영어를 공부해야 조금이라도 빨리 적응을 하게 된다. 부모들은 자녀들이 말이 통하지 않는 새로운 환경 속에서 하루 종일 남의 나라 말을 들으며 고생하는 것을 조금이라도 이해해야 한다. 왜 빨리 영어를 배우지 못하느냐고, 왜 성적이 이 모양이냐고, 너 때문에 미국에 왔는데 왜 이리 공부를 못하느냐고 야단쳐서는 안 될 것이다. 부모들이 항상 하는 말, "애들 때문에 미국에 왔어요."라는 말이 사실이기를 진심으로 바란다.

자녀와의 갈등

　자녀들과 지내다보면 여러 가지로 싸울(?) 일이 많다. 어린 자녀들과 무엇 때문에 싸울까라고 생각할지도 모르지만 별것도 아닌 작은 일부터 시작해서 심각한 일에 이르기까지 그야말로 별걸 다 가지고 싸우며 언쟁을 하게 된다. 대부분의 경우는 아이들이 잘못해서 부모가 야단을 치게 되는 것이 사실이지만 어떤 것들은 아이들 입장에서는 아주 불만스럽고 억울한 일이 많이 있을 것이다. 더구나 초등학교를 거쳐 Jr. High School, 또는 High school 시기에 있는 사춘기의 아이들에게는 더더욱 그럴 것이다. 아이들 스스로도 자신을 이해하지 못하며, 부모들은 부모들대로 아이들 때문에 골치를 썩이게 된다. 물론 아이들과 별 어려움 없이 지내는 부모들도 있겠지만 대부분의 부모들은 자녀들 때문에 속을 끓인다.

많은 부모들이 자녀 양육에 관한 여러 책들이나 전문가의 도움을 통해 해결해 보려고 노력하지만 그렇게 쉬운 일만은 아니다. 그러면 자녀들과의 갈등을 어떻게 해결할 것인가? 이에 대한 정답은 꼭 이것이라고 말할 수 없을 것이다. 자녀에 따라서 다르고, 상황에 따라 다르기 때문이다. 하지만 자녀들과의 갈등을 해결할 수 있도록 도움이 되는 일반적인 원칙을 몇 가지로 살펴보면 다음과 같이 요약할 수 있다.

1. 우선 자녀들과의 갈등의 핵심이 무엇인지를 분명히 하라. 혹시 부모가 잘못 생각하고 있는 것이나 오해를 하고 있는지 살펴보아야 할 것이다.
2. 자녀들 스스로에게 먼저 설명을 하고 응답할 수 있도록 기회를 주라. 설명을 듣다보면 자연스럽게 해결될 수도 있을 것이다.
3. 한 번에 하나씩만 가지고 이야기하라. 한꺼번에 여러 가지 문제를 언급하거나 과거의 일을 들추지 마라. (예: 이번 뿐이 아니야, 지난번에도 그랬고…)
4. 자녀들과의 대화 중에 과격한 행동이나 말을 하지 않도록 조심하라. 자녀들이 상처 받기 때문이다. 더욱이 자녀들을 말로 위협하거나 신체적인 폭력을 사용해서는 절대

안 된다.

5. 자녀에 대해서 필요 없는 빈정거림이나 과장된 말들을 하지 않도록 하라. (예: 잘 한다. 한번 더 해보지 그래. 내 생각엔 열 번도 더 그랬지, 아마…)

6. 화가 많이 나거나 스트레스를 받은 상태에서 자녀들과 문제를 해결하려고 하지 마라. 생각지 않은 방향으로 문제가 발전될 수 있다.

7. 자녀에 대하여 무조건적인 비판의 말을 삼가라.

8. 부모의 생각을 솔직하게 표현하라.

9. 자녀들과 말을 하지 않음으로 문제를 회피하지 마라. 그런 방법으로는 절대로 해결되지 않는다.

10. 자녀들의 인격을 존중하라. 아무리 어린 자녀라도 존중되어야 할 인격이 있으므로 창피나 모욕감을 주지 않도록 해야 할 것이다.

11. 적절한 시간과 장소를 택하라. 적절치 못한 시간과 장소는 오히려 역효과를 가져온다.

12. 부모가 자녀를 사랑하고 도와주려는 것을 보여 주라. 자녀를 꾸짖되 그 가운데서도 자녀에 대한 사랑과 격려 속에서 꾸짖으라.

13. 자녀의 입장에서 이해하도록 노력하라.

14. 형제나 다른 아이들과 비교하여 야단치지 마라. (예: 네 형을 봐라, 너는 왜 그 모양이냐?)

15. 장황하게 설교를 하지 말고 정확하게 문제만을 다루도록 하라.

16. 부모가 잘못 이해하였거나 틀렸을 경우, 솔직히 부모의 잘못을 인정하라.

17. 부모와 자녀 사이의 갈등에 대한 해결책에 대해 서로 동의할 수 있어야 한다. 부모의 권위로 억지로 만든 해결책은 결코 해결책이 될 수 없다.

18. 자녀를 용서하고 마음속으로 자녀에 대한 분함이나 노여움을 품지 않도록 한다.

자녀들과 갈등이 생길 때 어떤 부모들은 어쩔 줄을 모르고, 또 어떤 부모들은 회피하려고 한다. 그러나 이런 갈등을 그대로 방치할 경우, 일은 더욱 커지게 되고 결국 해결하기 힘든 상황에 이를 수도 있다. 자녀들은 부모의 사랑과 관심을 원한다. 또한 자신의 상황을 부모와 얘기하고 싶어한다. 그러므로 부모가 자녀에게 좀 더 가까이 다가가고, 진실하게 자녀들과의 관계를 맺어간다면 아무리 힘든 갈등이 온다 해도 사랑과 이해 가운데서 해결될 것이다.

비전과 섬김

요즘 우리는 '비전(vision)'이라는 말을 주위에서 쉽게 들을 수 있다. 예를 들어, 교회의 비전과 사명, 비전 공동체, 자녀들의 꿈을 심어주는 비전성경학교 등 많은 곳에서 비전이라는 단어를 넣어 사용하고 있다. 심지어는 결혼 적령기에 있는 청년들도 '나와 저 사람은 비전이 다르다'는 등의 이유로 교제를 그만두는 모습을 보았다. 그렇다면 정말 비전이라는 말이 무엇을 의미하는가? 비전을 말 그대로 해석하면 한국말로는 '이상(異象)'이라고 할 수 있을 것이며 그 의미는 눈에 보이는 것이나, 상상하는 것, 혹은 미리 앞일을 예견하는 것 등을 말한다.

하지만 우리 크리스천들이 사용하는 의미의 비전은 특별히 요엘 2장 28절에 나오는 "그 후에 내가 내 신을 만민에게 부어 주리니 너희 자녀들이 장래 일을 말할 것이며 너희 늙은이는 꿈을

꾸며 너희 젊은이는 이상을 볼 것이며…"라는 구절에서 찾을 수 있다. 그러므로 이상이란 꿈 등을 통한 하나님으로부터 오는 계시들을 의미한다.

비전이 하나님으로부터 오는 일종의 계시의 성격을 띠고 있음에도 불구하고 요즘 크리스천들이 말하는 비전의 의미는 이것과는 상당한 거리가 있는 것처럼 느껴진다. 왜냐하면 많은 사람들이 말하는 비전은 자신들의 생각과 계획 속에서 이루고자 하는 일종의 욕망과 야망의 성격이 강하기 때문이다. 웬만한 교회의 유년주일 학교에서도 꿈과 비전을 심어주는 교육이라고 말해야 부모들이 만족을 하고, 목회자도 목회비전을 확실하게 보여 주지 않으면 성도들이 다 떠나가 버린다. 그야말로 비전 없는 사람은 기도와 말씀도 없고, 자신의 미래가 불투명한 뭔가가 빠진 사람으로 취급받기 때문이다.

그런데 이러한 인간적인 동기와 욕망이 가득 찬 비전은 교회와 가정에서 많은 성도들과 자녀들을 잘못된 길로 인도하고 있다. 비전이란 우리 인간에게서 나오는 것이 아니며 우리 생각대로 우리 인간에게서 나올 수 없는 것이다. 비전이란 일종의 꿈과 같은 것이지만 우리 마음대로 꾸는 성격의 꿈이 아니다. 우리들 좋을 대로 생각하고 이루어나가는 것은 비전이 아니라 말 그대로 우리의 야망(野望: ambition)이라고 표현해야 맞을 것이다. 그러므로 비전은 인간의 욕심으로 시작된 야망과는 차원이 다르다. 비전은 하나님으로부터 받는 것이고, 하나님께서 자신의 뜻을 우리들의 삶을 통해 하나님께 영광을 돌리도록 만들어 주는 것이다.

하지만 많은 사람들이 이런 이상을 잘못 이해하고 자신의 야망에 따라 해석한다. 자신들의 이해에 따라서, 혹은 자신들의 자녀들에 대한 기대와 바람에 따라 비전을 자기 마음대로 정의하고 있다. 누구나가 알아주는 유명한 사람이나 부자가 되기 위해서, 또는 자신들의 자녀들이 열심히 공부해서 명문대학에 들어가는 것을 위해서, 또 그들이 졸업한 후에 밝은 미래가 보장되는 훌륭한 직장을 얻고, 자녀들보다 나의 마음에 드는 배우자를 얻는 것을 위해서 우리의 비전을 남용하고 오용하고 있는 것이다.

우리에게 주어진 하나님의 비전은 각 사람마다 다르고 구체적일 것이다. 그러나 우리 모든 크리스천들에게 우선적으로 주어진 공통의 비전이 있다면 그것은 바로 '섬김'이다. 우리 인간의 삶에 있어서 가장 큰 목적은 하나님을 사랑하고 이웃을 사랑하는 것이다. 바로 이것이 우리 삶의 동기가 된다. 예수님께서 바로 그런 삶을 우리에게 보여 주셨고, 또 우리에게 요구하고 계신다. 만일 내가 많은 목표와 이상을 세우고 실천했다 하더라도 예수님께서 우리에게 보여 주신 섬김의 삶을 바르게 살지 못했다면 그 인생은 실패한 인생이 되고 말 것이다.

섬김은 우리의 비전을 건강하게 하고, 우리의 이상이 바르게 성취되도록 만들어 준다. 우리가 열심히 살아가는 것도, 교회와 이웃을 위해 열심히 봉사하는 이유도, 또 영적인 영향력을 모든 사람들에게 나타내려고 하는 이유 역시 우리의 이웃을 섬기기 위한 것이 되어야 할 것이다.

예수님은 이 땅에 오신 목적을 "섬김을 받으려 함이 아니라 도리어 섬기려 하고 자기 목숨을 많은 사람의 대속물로 주려 함이라"고 분명하게 말씀하셨다. 예수님은 우리들의 육체의 질병과 정신적 고통을 고쳐주심으로 우리를 섬겨주셨고, 육신적으로 배고픈 사람들을 섬기기 위해서 오병이어의 기적을 베푸셨고, 권세자들과 부자들을 위해서가 아니라 죄인과 세리와 창녀들을 섬기기 위해서 그들과 함께하셨던 것이다.

이처럼 우리의 비전을 섬김에 두면 우리 가정과 교회는 분명히 건강하게 성장해 갈 것이다. 우리가 먼저 이웃을 섬길 때 우리 주위의 모든 사람들은 풍성한 삶을 살게 될 것이며, 피곤한 우리들의 삶이 회복되며, 또한 우리들의 자녀들이 참된 비전과 소명을 받아 영적인 영향력을 가지고 살아가게 될 것이다. 예수님께서 정말로 부족한 것 투성이인 우리들을 섬기시려고 이 땅에 오셨다면 우리도 이제는 우리들의 '야망' 내려놓고 진정한 비전, 섬김의 삶을 살아가야 할 것이다.

적극적인 부모 되기

　이제 갓 결혼하여 아기를 낳은 부모들에게는 자녀를 키우는 것이 세상에서 어떤 일보다도 가장 힘든 일처럼 여겨진다. 전에는 몰랐던 부모 노릇이 이렇게 힘들 줄 예상도 못한 것이다. 따라서 아이들이 조금 자라서 킨더가든(유치원)이나 초등학교에 들어가면 좀 나아지리라고 기대를 하지만 아이들이 자라면 자랄수록 점점 더 자녀 양육이 쉬운 일이 아니라는 것을 깨닫게 된다.

　초등학교를 마치고 중학교로 올라가도 신경 써야 될 일은 더 많아지지 줄어들지 않는다. 게다가 아이들이 슬슬 사춘기라도 시작되면 부모들은 아이들과 싸우느라 정신이 없다. 왜 그리 변덕스럽고 불만들이 많은지 아이들 비위를 맞추는 일이 장난(?)이 아니다. 그러면서 그럭저럭 중학교를 마쳐서 고등학교로 진학하게 되면 그 다음부터 부모들은 아예 쉴 틈도 없어진다. 아이들 뒤치다꺼리에 시간 가는 줄 모르기 때문이다. 월요일에는 몇 시까지 어디로, 목요일에는 누구누구네 집으로 픽업을, 또 방과 후 운동을 몇 시까지 하는지, 그리고 특별활동이 이번 주말에는 있는지, 없는지 잘 기억해야 한다.

아이들이 위 아래로 몇 명이 있는 경우는 한 주일 내내 픽업과 라이드만 하다가 다 가버리는 것처럼 느껴지기도 한다. 이렇게 열심히 저희들을 위해 희생함에도 항상 부모에게 볼멘소리로 불평을 하기가 일쑤이다. 하던 일도 제대로 마치지 못하고 학교로 달려갔는데도 10분 늦었다고 집에 오는 내내 인상을 쓰는 모습을 보면 내가 부모 노릇을 정말 잘 하는지 아니면 아이들 심부름꾼이 아닌지 의심이 들기도 하는 것이다.

그런데 이렇게 바쁘게 뛰어다니는 것으로 끝나는 것이 아니다. 학교에서 보내오는 통지문과 사인을 해서 보내야 되는 것은 하루에도 몇 장씩이나 된다. 지금 학교에 무슨 질병이 돌고 있으니 조심해라, 요즘 아이들 사이에서 이런 일들이 있으니 주의하기 바란다, 이런 저런 행사를 위해 기금을 모금하니 도와 달라, 아이들과 필드트립(견학)을 갈 예정이니 사인을 해 달라 등 이루 헤아릴 수가 없을 정도이다. 여기서 중·고등학교를 다닌 것도 아니고 경험도 없는 터라 아무리 읽어봐야 뭐라고 하는지 이해하기가 그렇게 쉽지 않다. 또 학교 행사도 한 주가 멀다 하고 다가온다. 오픈 하우스, 컨퍼런스, 발표회, 연주회, 운동시합 등 쉴 틈 없이 다가온다. 자녀가 운동을 하거나 악기를 하게 되면 부모들은 미리 달력에 반드시 날짜를 기록해 놓아야지 그렇지 않으면 깜빡 잊고 놓쳐버리면 아이들에게 한 소리 듣기가 십상이다. 늘 피곤하게 일하다 보면 한두 번은 슬쩍 빼먹고 싶지만 아이들이 섭섭해하는 것을 생각하면 안 갈 수 없어서 곤란하기 그지 없다. 게다가 자녀가 여럿 있는 부모들은 아버지 따로 엄마 따로 가야 하는 경우까지 생기게 된다.

이민자로서 미국생활을 하면서 아이들의 학교생활을 다 이해하고 여기 방식대로 자녀를 빈틈 없이 양육한다는 것은 쉬운 일이 아니다. 하지만 부모가 잘 모른다고 해서 또 아무렇게나 내버려 두거나, 아니면 내가 이제까지 교육해온 방식을 고집하는 것은 바람직하지 않을 것이다. 우리의 자녀들이 학교생활에 어려움을 겪지 않으려면 무엇보다도 부모의 역할과 임무를 소홀히 하지 않는 것이 중요하다. 학교나 자녀들의 학교생활에 대한 부모의 태도가 결국 아이들과 직접적으로 연관되어 있기 때문이다. 다시 말해서 부모가 학교와 관련된 일에 대해 적당 적당히 넘어가는 식의 태도를 갖게 되면 자녀들 또한 학교생활을 적당 적당히 하게 된다. 또 여기 문화나 교육방식에 대해서 부정적인 시각을 가지고 자녀들 앞에서 늘 말해 버릇하면 자녀들도 이곳 문화에 적응하지 못하고 매사를 부정적으로 생각하여 결국 이 사회의 중심에서 벗어나 점점 가장자리로 물러서게 될 수밖에 없을 것이다.

그러므로 부모들이 먼저 적극적으로 자녀들의 학교생활에 관심을 가지는 태도가 중요하다. 물론 이곳의 학교생활과 방식이 전적으로 옳다고 생각하여 무조건적으로 따라가라는 말이 아니다. 우리들의 자녀를 이곳 학교에 보내고 있는 부모로서의 권리

와 의무를 성실하게 실천하는 모습을 자녀들에게 보여 주어야 한다는 말이다. 영어가 부족해서 도와줄 수 없다는 말도 어떻게 보면 핑계밖에는 되지 않는다. 학교를 통해 통역 서비스도 받을 수 있으며 부모가 마음만 먹으면 언제든지 내가 원하는 학교의 지원을 제공받을 수 있다. 문제는 부모가 적극적으로 자녀들의 교육에 관심을 갖느냐 안 갖느냐에 달려 있다. 아무리 좋은 학군에 자녀를 보낸다 하더라도 아무런 영향력도 못 미치는 사람들이 바로 한인 부모들이라는 점을 잊지 않고 조금 더 우리들의 자녀의 교육을 위해 적극적인 부모들이 되어야 할 것이다.

졸업식 리허설 소동

    큰 아이가 고등학교를 졸업할 때 이야기다. 학생 수가 많은 학교를 다니다 보니(전체 학생이 4000명이 넘고 졸업생만도 1000명이 넘는다) 자기가 다니는 학교 강당에서 졸업식을 못하고 시카고 인근의 대학 체육관을 빌려서 졸업식을 하였다. 졸업생이 얼마나 많은지 말이 고등학교 졸업식이지 웬만한 대학 졸업식 못지않은 인원이 참석하였다. 간단히 계산해도 졸업생 1000명에, 그 가족 두서너 명만 해도 몇 천 명이 족히 넘는 대규모의 졸업식이 되었다. 그래서 학교에서는 시간적으로 효율적인 졸업식을 진행하기 위해서 미리 졸업에 관한 안내가 적혀 있는 작은 책자를 나누어 주어서 졸업에 관련된 모든 사항을 자세히 적어서 착오 없도록 하였고 또, 졸업식 이틀 전에 모든 졸업생들을 대학교 강당까지 데리고 가서 리허설을 하였다.

그런데 문제는 아들 녀석이 리허설 시간을 잘못 본 것이었다. 아침 8시 40분에 학교에 모여서 버스를 타고 졸업식장으로 가서 10시부터 연습을 한다고 되어 있는 것을 10시에 학교로 오라는 것으로 알았던 모양이다. 아침 느지막이 일어나서 학교를 가더니 얼마 지나지 않아 급하게 집으로 전화를 한 것이다. 학교에 아무도 없고 버스가 벌써 떠났다는데 어떻게 해야 하는지 당황하여 집으로 전화를 한 것이었다. 친구들은 벌써 다 떠났고 이미 졸업식장에서 연습을 하고 있는 시간이었다. 할 수 없이 큰아이 보고 빨리 집으로 돌아오라고 이르고서는 허둥지둥 졸업식 안내책자를 자세히 읽어보니 모든 졸업생들은 리허설에 반드시 참석해야 하며 만약에 참석하지 않으면 졸업식에 올 수가 없다는 것이었다. 그리고 분명히 써 놓기를 "There will be no exceptions to the rule that attendance in the commencement exercises. (졸업식 연습에 참석해야 하는 규정에는 어떤 예외도 있을 수 없음.)" 이라고 엄포를 하고 있었다.

그 때가 벌써 9시 55분, 아들이 집으로 오자마자 부리나케 운전을 하여 리허설이 한창인 졸업식장으로 운전을 하여 데려다 주었다. 다행히 너무 늦지 않게 가서 졸업생들이 순서대로 줄을 서서 막 연습을 시작하려던 참이었다. 아들도 나도 한바탕 땀을 흘리며 벌인 소동이 그래도 헛되지 않게 해피엔딩으로 끝나게 되었다.

한국에서 중·고등학교를 다니면서 영어 시간에 금언처럼 외웠던 문장이 바로 "세상에 예외 없는 법칙은 없다(There's no rule but has exceptions.)"라는 것이었다. 실제로 세상을 살면서 말 그대로 모든 일에 예외가 없다고 해도 과언이 아니다. 하지만 미국이란 나라에 와서 이십 년을 살면서 느끼는 것은 예외를 바라며 사는 것은 결코 바람직하지 않다는 것이었다. 어떤 의미에서는 별 대수롭지도 않은 고등학교 졸업식 리허설일 것이다. 하지만 이런 것 하나도 모든 졸업생이 예외 없이 연습에 참석해야 하는 것이 이곳 미국이란 나라의 사회 규칙이다.

학교를 다니면 학교의 규칙이 있고, 어느 동네에 살던지 그 동네의 법칙이 있다. 잔디에 물을 주는 시간도 정해져 있으며, 자전거를 타고 동네를 돌아다니는 것에도 그 나름대로의 관련 규정이 있으며, 자동차를 주차하는 것에도 규칙이 있고, 하다못해 쓰레기를 버리는 것에도 세세한 규정과 규칙이 있다. 어떻게 보면 살기 불편한 나라같지만 오히려 이러한 자세한 법 규정이 있기 때문에 모든 사람들이 서로 서로 공평하고 편안한 생활을 영위할 수 있게 된다.

만일 졸업생들이 예외를 이야기 하면서 졸업식 연습에 많은 학생이 빠지게 된다면, 정작 졸업식이 제대로 진행되지 못하였을 것이고 결국은 많은 사람들에게 시간적으로나 여러 면에서 불편함을 끼치게 되었을 것이다. 바로 이런 것들이 우리가 힘들지만 법을 지키는 이유이다.

우리는 너무 쉽게 법칙, 규정, 규칙을 무시하는 경향이 있는 나라에서 살다가 왔다. 큰 규정, 작은 법칙, 이 모든 것들이 너무 사회를 각박하게(?) 한다는 핑계 아닌 핑계를 대면서 법을 무시해 왔다. 하기야 정치가도 기업인도 모든 사람들이 법을 어기고 법을 요리조리 빠져나가다 보니 모든 사람들이 법에 대해 그렇게 큰 신뢰와 비중을 두지 않게 된 것도 사실이기는 하다.

뿐만 아니라 법을 잘 지키는 사람을 소심하고 쫀쫀하다는 식으로 놀리는 사회이다. 법을 너무 지키면 융통성이 없는 사람, 답답한 사람으로 찍히기 십상이다. 사람이 살다 보면 이럴 수도 있고 또 저럴 수도 있으며 가끔은 법을 어길 수도 있다고 쉽게 생각한다. 물론 정치가들이 법을 모든 사람들이 지킬 수 있도록 합리적으로 만드는 것이 중요하겠지만 법은 모든 사람이 예외 없이 지키라고 만든 것이지 이를 어기거나 또는 어떤 예외를 만들어서 빠져 나가라고 만든 것이 아닐 것이다.

우리 기성세대가 그런 사회 속에서 자랐다고 우리 자녀들에게까지 이런 예외(?)를 사랑하는 모습을 보여서는 안 될 것이다. 자녀들은 다른 사람이 아닌 바로 자신들의 부모를 통해 그대로 배운다. 부모가 운전을 하며 교통법규를 잘 지키는 모습에서, 누가 보지 않는 작은 일이지만 동네의 규정을 바로 지키는 그런 모습을 통해 훌륭한 성인으로 자라게 된다. 아무리 사소한 것이라도 무시하지 말고 그것을 묵묵히 지킬 때 우리들의 자녀들은 이 사회의 건강한 시민으로 성장하게 될 줄로 믿는다.

자녀를 위해 해줄 수 있는 것

　많은 부모들이 자녀들 때문에 걱정하는 모습을 보게 된다. 공부가 좀 뒤쳐지거나 늘 말썽을 부리는 아이들의 부모뿐만 아니라, 말 잘 듣고(?) 공부 잘하는 아이들의 부모들도 자녀 걱정하기는 마찬가지다. 특히 엄마들의 걱정은 한도 끝도 없는 것처럼 보인다. 그래도 High School에 다닐 때까지는 자녀들이 집에 있기 때문에 괜찮은 편이다. 아이들이 High School을 졸업하고 대학에 입학하게 되면 대부분의 경우 기숙사로 떠나보내야 되기 때문에 그때부터 여간 불안해 하는 것이 아니다. 더더구나 먼 곳에 있는 학교로 아이들을 보내게 되는 부모들의 노심초사는 그야말로 이만 저만이 아니다. 밥은 제때에 먹는건지, 또 김치 같은 한국 음식이 먹고 싶으면 어떻게 할런지(한국 부모들에게 있어서 먹는 문제는 어떻게 보면 최우선 순위에 속한다.), 빨래와 청소는 잘하고 있는지, 제시간에 일어나서 늦지 않고 수업에 잘 들어가는지 항상 불안하다.

그러나 그보다도 더 부모의 마음을 졸이게 하는 것은 혹시 우리 아이가 대학에 가서 룸메이트나 친구 잘못 만나서 공부는 고사하고 매일 술만 퍼 마시고 담배, 마약과 같은 것에 손을 대고, 친구들이랑 밤늦도록 어울려 다니지는 않을까 하는 걱정일 것이다.

부모치고 자녀들을 진심으로 사랑하지 않는 사람이 없겠지만 솔직히 말해서 자녀를 대학 보낼 때가 되어서야 이런 걱정을 한다면 이미 늦었다고 말할 수 있을 것이다. 부모를 떠나 대학에 진학할 때쯤이면 자녀를 어느 정도는 스스로가 결정하고 행동할 수 있는 독립된 인격체로 성숙시켜 놓았어야 하는데 뒤늦게 후회한다고 해서 하루아침에 달라지지는 않기 때문이다. 그렇다면 부모들이 우리들의 자녀들을 위해서 더 늦기 전에 무엇을 해줄 수 있다는 말인가. 도대체 부모의 바른 역할은 무엇인가? 더구나 신앙인으로서 우리들의 자녀들에게 무엇을 가르치고 어떤 모습을 보여 줄 것인가를 더 늦기 전에 한번은 반드시 따져보아야 할 것이다. 부모가 자녀를 위해 해줄 수 있는 것들이 많이 있을 것이다. 그 중에서 몇 가지만 언급하겠다.

무엇보다도 먼저, 자녀에게 올바른 신앙을 심어주는 것이다.

하나님의 말씀을 자녀들의 마음속 깊이 심어 주는 것이 최우선이다. 어려서부터 자녀들을 하나님의 말씀으로 양육하면 틀림이 없을 것이다. 세상의 가치관은 이제 여러 가지 모양으로 혼탁해져 가고 있다. 무엇이 진리이고 무엇이 불의인지도 불분명해져 가며, 모든 것이 상대적이고 자신의 처지와 상황에 따라 바뀌는 그런 세상이 되었다. 극단적인 이기주의와 물질만능주의가 모든 사람들의 생각을 지배하고 동성애와 같은 부도덕한 쾌락주의가 판을 치는 세상이 되었지만, 그 속에서도 하나님의 말씀을 붙들고 있는 자녀들이라면 자기 스스로의 신앙원칙을 세우고 하나님의 말씀을 따라 바르게 행동하고 사고하게 될 것이다. 아무리 나쁜 친구들이 세상의 못된 것들로 유혹을 한다 해도 자신의 신앙으로 충분히 극복할 것이다. 물론 순간 순간 유혹에 넘어갈 때도 있겠지만 결코 나쁜 길로 빠지지는 않을 것이다. 부모가 자녀에게 많은 재산을 유산으로 물려줄 수도 있겠지만 그보다도 더 중요한 것이 바로 하나님 한 분만을 믿고 의지하는 그 신앙을 유산으로 물려주는 것이다.

둘째로, 우리 자녀들의 많은 은사들을 발견하여 개발해 주는 것이다. 어려서부터 자녀들이 가지고 있는 좋은 점들을 잘 관찰하여 그 재능과 장점들이 긍정적인 쪽으로 개발될 수 있도록 격려해 주어야 할 것이다. 하나님께서는 분명히 우리들의 자녀들에게 많은 재능과 은사들을 허락해 주셨다. 그러나 그것을 그냥 놔둔다고 성공적으로 개발되는 것이 아니다. 또 부모의 도움 없이는 아이들 스스로 어떻게 할 수가 없다.

먼저 우리 자녀들에게 어떤 소질과 은사가 있는지 어려서부터 잘 관찰하여 발견해야 할 것이고, 또 그 발견한 자녀들의 재능을 최대한 살릴 수 있도록 여러 가지 방법으로 계발해 주어야 한다. 물론 학교 선생님들도 아이들의 좋은 점들을 발견할 수 있을 것이다. 그러나 그 부모만큼 자녀를 아는 사람이 또 어디에 있겠는가? 아이의 성격이 내성적인지, 외향적인지, 책을 보는 것을 좋아하는지, 밖에서 뛰어 노는 것을 좋아하는지, 숫자와 계산이 빠른지, 아니면 말하는데 재주가 있는지 등등을 자녀가 아직 어릴 때 빨리 파악하여 아이들의 장래와 연결해 주는 것이 필요하다. 자녀들이 하나님 안에서 자신의 적성에 맞는 비전을 발견할 수 있도록 기도해 주는 것이 필요하다.

셋째로, 사랑과 관심, 이해, 그리고 무한한 인내심을 가지고 자녀를 돕고 지원해 주어야 할 것이다. 모든 부모가 자기 자녀를 사랑함에 틀림이 없다. 그러나 이 아이들은 내 아이가 아니다. 내 소유물이 아니라는 말이다. 우리 크리스천들에게 자녀란 하나님께서 우리에게 맡겨주신 귀한 선물이다. 어떻게 하면 바른 신앙 안에서 하나님과 우리의 이웃을 위해 건강하고 훌륭한 사람으로 성장시키고, 성숙한 인격체로 양육시킬 수 있는가에 초점을 맞추어야 한다.

아이들을 부모가 원하는 대로 앞에서 억지로 끌고 가는 것이 아니라 뒤에서 밀어주고 또 힘들어 할 때는 버팀목이 되어 주는 것이 바로 부모의 역할이다. 자녀의 적성과 능력과는 무관하게

부모의 욕심과 체면에 이끌려 불행한 인생을 살아가는 자녀들이 생겨서는 안 될 것이다. 세상에서 돈 많이 벌고, 남이 알아주는 유명한 사람이 되고, 어떻게 해서든지 출세하도록 만들고, 그래서 부모의 기쁨과 가문의 영광(?)이 되도록 하는 것이 아니라, 자녀가 바른 신앙인으로 자라 하나님의 뜻을 따라서 바르게 살고 많은 사람들에게 유익을 끼치는 사람으로 성장하도록 최선의 지원과 후원을 해 주어야 한다.

기도 가운데 자녀를 사랑하자. 힘들고 어렵겠지만 인내심을 가지고 그들을 돕고 이해하고 격려해 주자. 이것이 바로 하나님이 우리에게 자녀를 맡겨주신 귀한 사명일 것이다.